ELI DICTIONNAIRE ILLUSTRÉ *Français*

Regarde et écoute avec ELI LINK

Pour télécharger le Livre Actif

Visite le site
www.elionline.com/livresnumeriques
et suis les indications pour utiliser le code.

DSFR93737794

Introduction

Le **Dictionnaire illustré ELI** présente un vocabulaire de base, conçu pour stimuler l'apprentissage des jeunes et des adultes.

Les **35 situations illustrées** de façon créative s'articulent autour de grands thèmes : la maison, la ville, les loisirs, les achats, les voyages, le corps, la nature et l'environnement.

Chaque situation est enrichie de dialogues amusants, d'expressions idiomatiques utiles et d'une analyse lexicale détaillée.

Un enregistrement audio est disponible en **format numérique**.

Les dialogues sont accompagnés d'**activités interactives**.

La dernière section contient un **index alphabétique des mots illustrés** et **un index thématique des expressions idiomatiques**.

LA MAISON
1	La maison	4
2	La cuisine	8
3	Le salon et la salle à manger	12
4	La chambre et la salle de bains	16
5	La famille	20
6	Les tâches ménagères	24
7	Le jardinage	28

LA VILLE
8	La ville	32
9	L'école	36
10	Le bureau	40
11	Le restaurant	44
12	L'hôtel	48
13	Les métiers et les professions	52

LES LOISIRS
14	Le théâtre	56
15	La musique	60
16	Les loisirs	64
17	À l'ordinateur	68
18	À la télévision	72

LES MAGASINS
19	Faire des achats	76
20	Le magasin de vêtements	80
21	Chez le primeur	84

LE VOYAGE
22	Les moyens de transport	88
23	À la gare	92
24	À l'aéroport	96
25	L'agence de voyages	100

LE CORPS
26	Le corps humain	104
27	À l'hôpital	108
28	Les sports	112

LA NATURE ET L'ENVIRONNEMENT
29	Les jours, les mois et les saisons	116
30	Le bois	120
31	La ferme	124
32	Le monde animal	128
33	Les animaux marins	132
34	La protection de l'environnement	136
35	Les étoiles et les planètes	140

Index alphabétique	144
Index des expressions idiomatiques	156

Dictionnaire numérique
Pour télécharger le Dictionnaire numérique visite le site **www.elionline.com/livresnumériques** et suis les indications pout utiliser le code que tu trouves à la page 1.

Le **Dictionnaire numérique** permet de feuilleter en ligne le Dictionnaire illustré, d'accéder aux activités interactives des situations illustrées, aux dialogues, aux expressions idiomatiques et aux enrichissements lexicaux.

Enregistrement audio
Clique le mot ou l'image correspondant pour écouter l'enregistrement.
Clique et écoute le dialogue ou l'expression idiomatique dans son contexte.

Activités numériques interactives
Clique et accède aux activités numériques interactives.

Index multimédia en ligne

Regarde et écoute
sur ton smartphone ou ta tablette
tous les contenus numériques de ton livre
grâce à l'App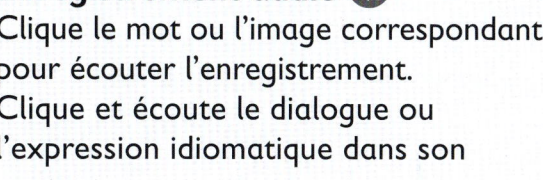

Télécharge l'App sur App Store pour iOS
et sur Google Play pour Android.

Encadre la page de ton livre. | Accède aux contenus et télécharge-les.

la petite fille
la fille
le fils

1 La maison

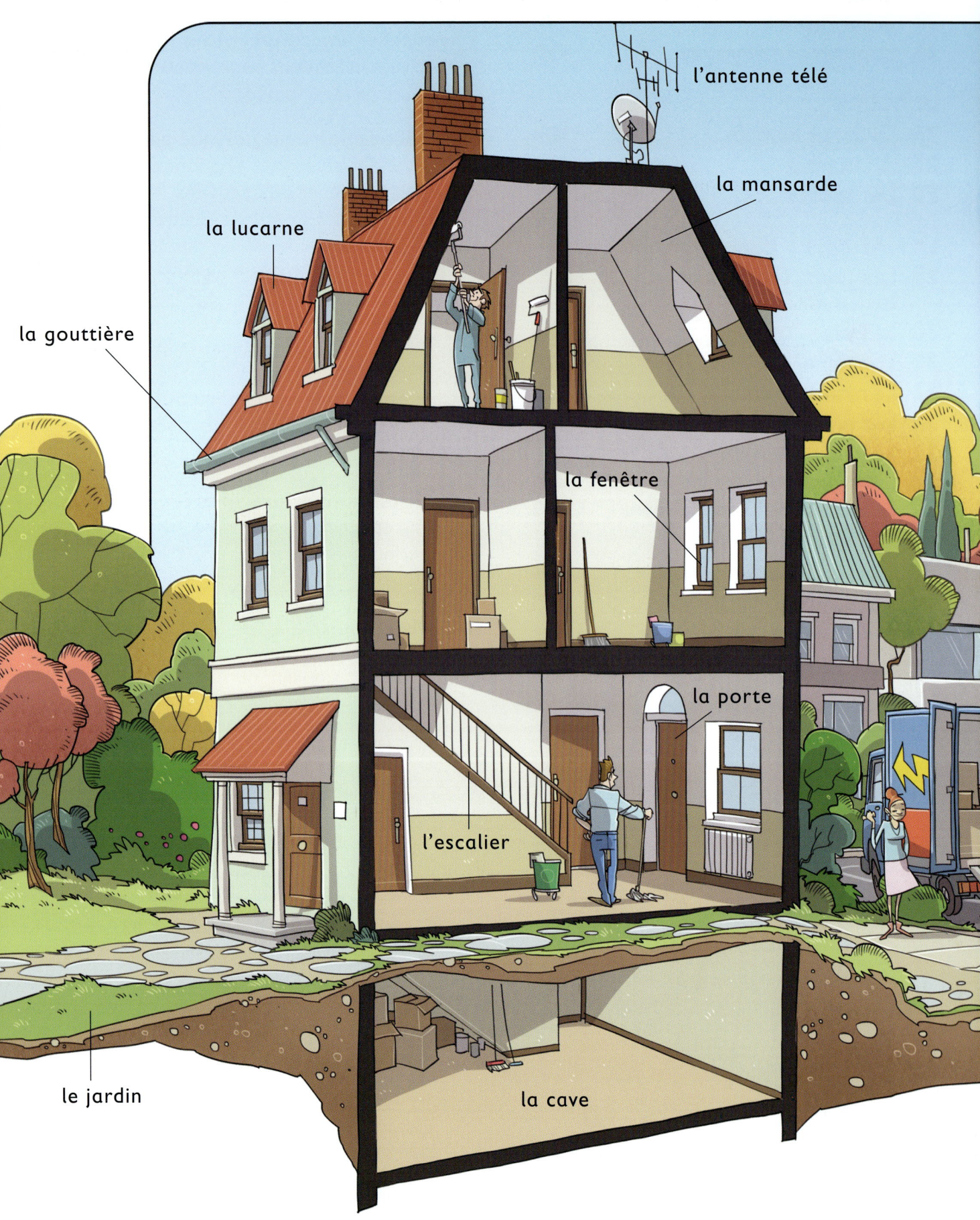

la clé

la sonnette
l'interphone

le paillasson

le numéro

la boîte aux lettres

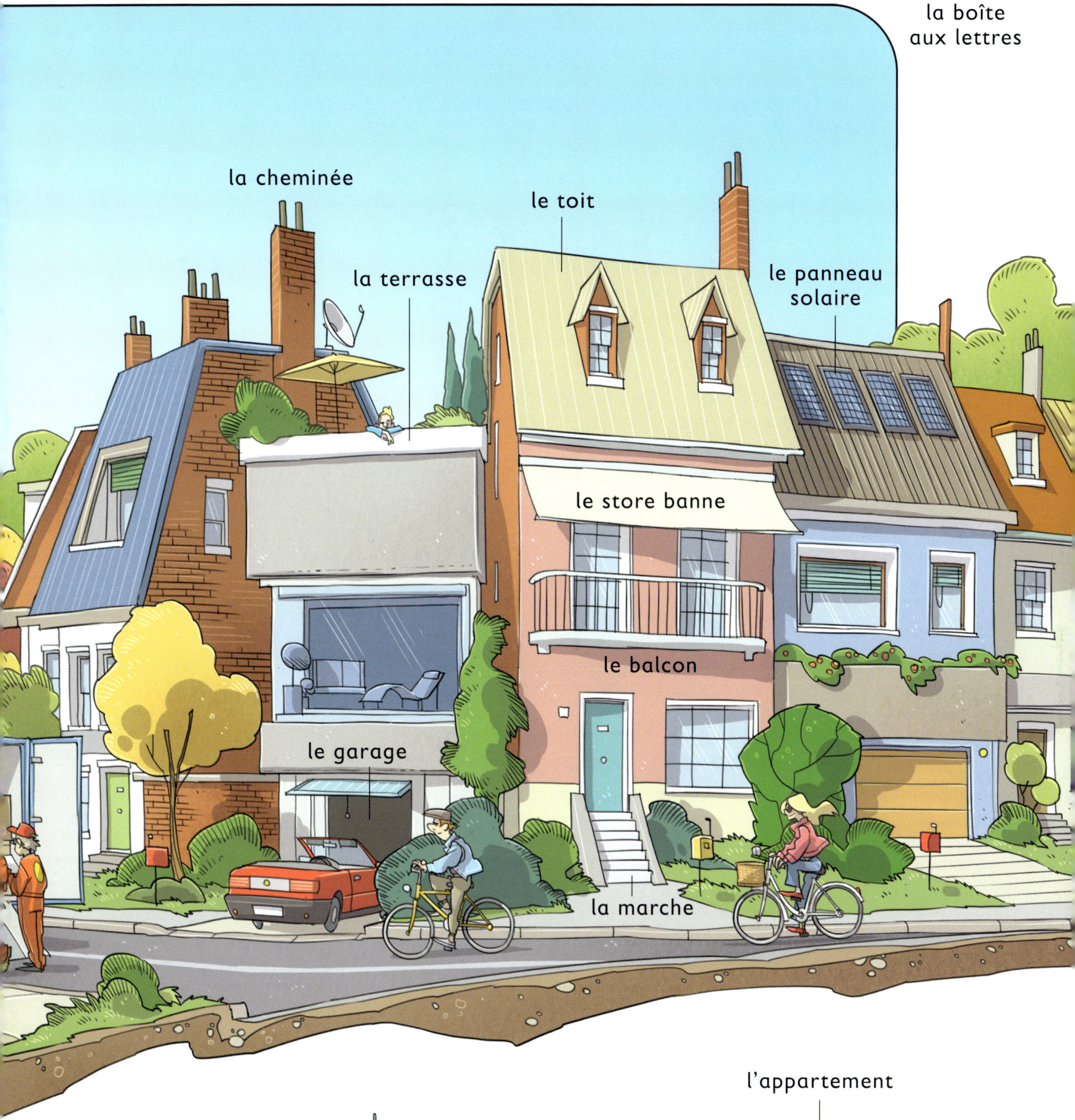

la cheminée
le toit
la terrasse
le panneau solaire
le store banne
le balcon
le garage
la marche

l'appartement

la maison individuelle

la maison bi-familiale

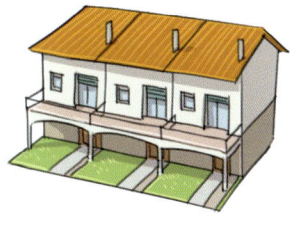
la maison mitoyenne

l'immeuble

5

1 La maison

Une belle maison 🔊 ▶

– Bonjour. Entrez, je vais vous faire visiter la maison.
– Elle est très belle !

– Oui, je vous ouvre la porte… Je vous en prie, entrez. Voilà l'entrée.
– Elle est vraiment très spacieuse !

– Par contre, par ici il y a la cuisine et la salle à manger. Les fenêtres donnent sur le jardin.
– Il n'y a pas de balcon ?

– Non, il n'y en a pas. Regardez la chambre à coucher. Elle est grande. N'est-ce pas ?
– Pas de balcon non plus ici…

– Je regrette, la chambre à coucher n'a pas de balcon non plus ! Mais venez, par ici il y a la salle de bains et le salon, tandis qu'au bout du couloir il y a une autre pièce qui pourrait être transformée en bureau ou en seconde chambre à coucher.
– Cet appartement est très grand, mais…

– Et ce n'est pas fini. Suivez-moi, redescendons.
– Pourquoi ?

– Parce que la maison a aussi un garage !
– Mais le garage n'a certainement pas de balcon !

– Bien sûr que non ! Mais il est bien grand… vous pouvez en faire une cave, si vous n'avez pas de voiture.
– Écoutez, cette maison est vraiment très belle, mais je ne comprends pas pourquoi vous me l'avez montrée !

– Mais vous ne cherchez pas une maison en vente ?
– Absolument pas ! Je suis étudiant en architecture et je fais mon mémoire sur les balcons !

En plus...

L'appartement

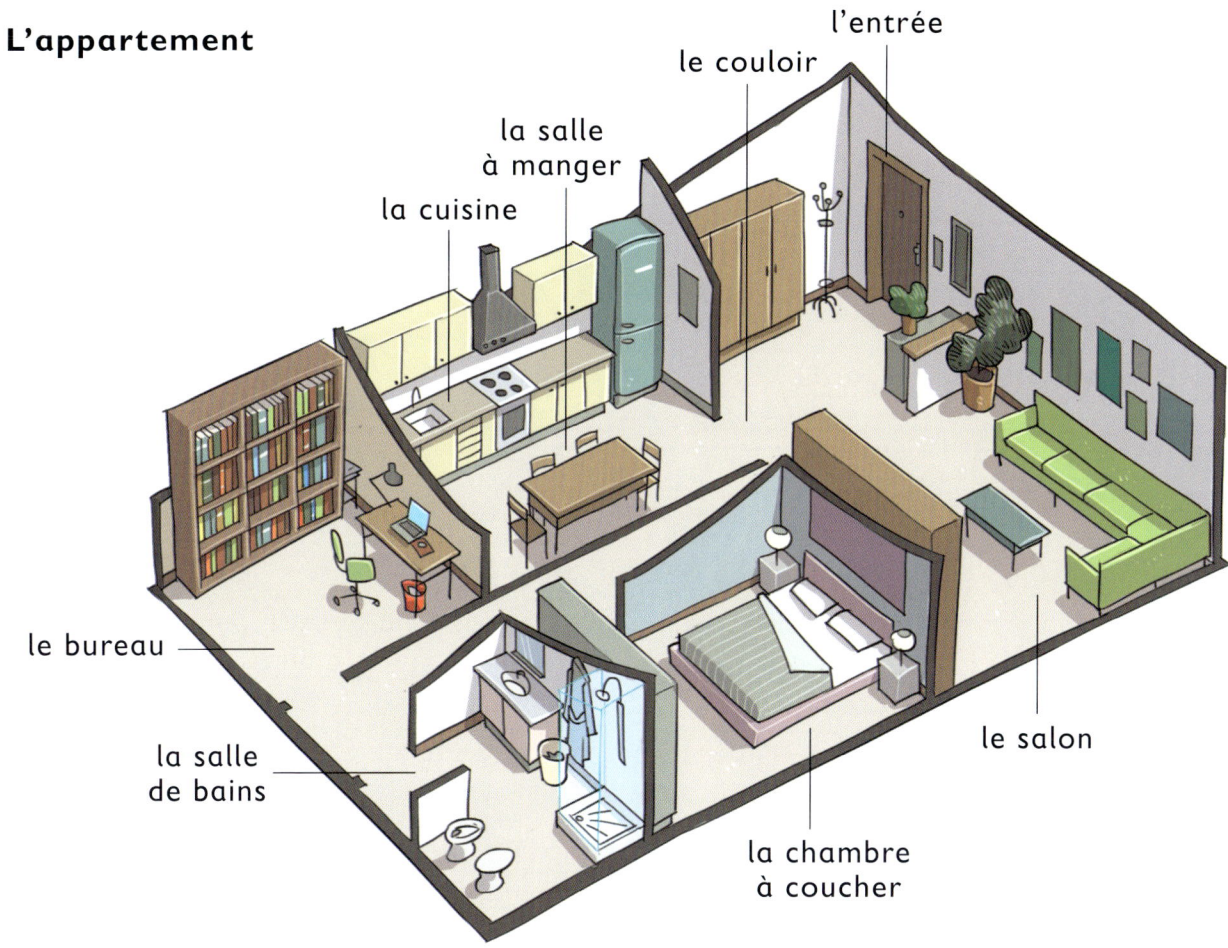

Expressions idiomatiques

Jeter l'argent par les fenêtres
(Être très dépensier)
Philippe est tellement riche, qu'il jette l'argent par les fenêtres.

Mettre la clé sous la porte
(Partir discrètement)
Julie va ailleurs, elle met la clé sous la porte.

Rester entre quatre murs
(Rester enfermé à la maison)
Je suis allé(e) au cinéma, plutôt que de rester entre quatre murs.

Être au pied du mur
(Ne plus pouvoir faire marche arrière)
Nathan doit conclure l'affaire tout de suite, il est au pied du mur.

Détails

La pièce

Activités numériques interactives

2 La cuisine

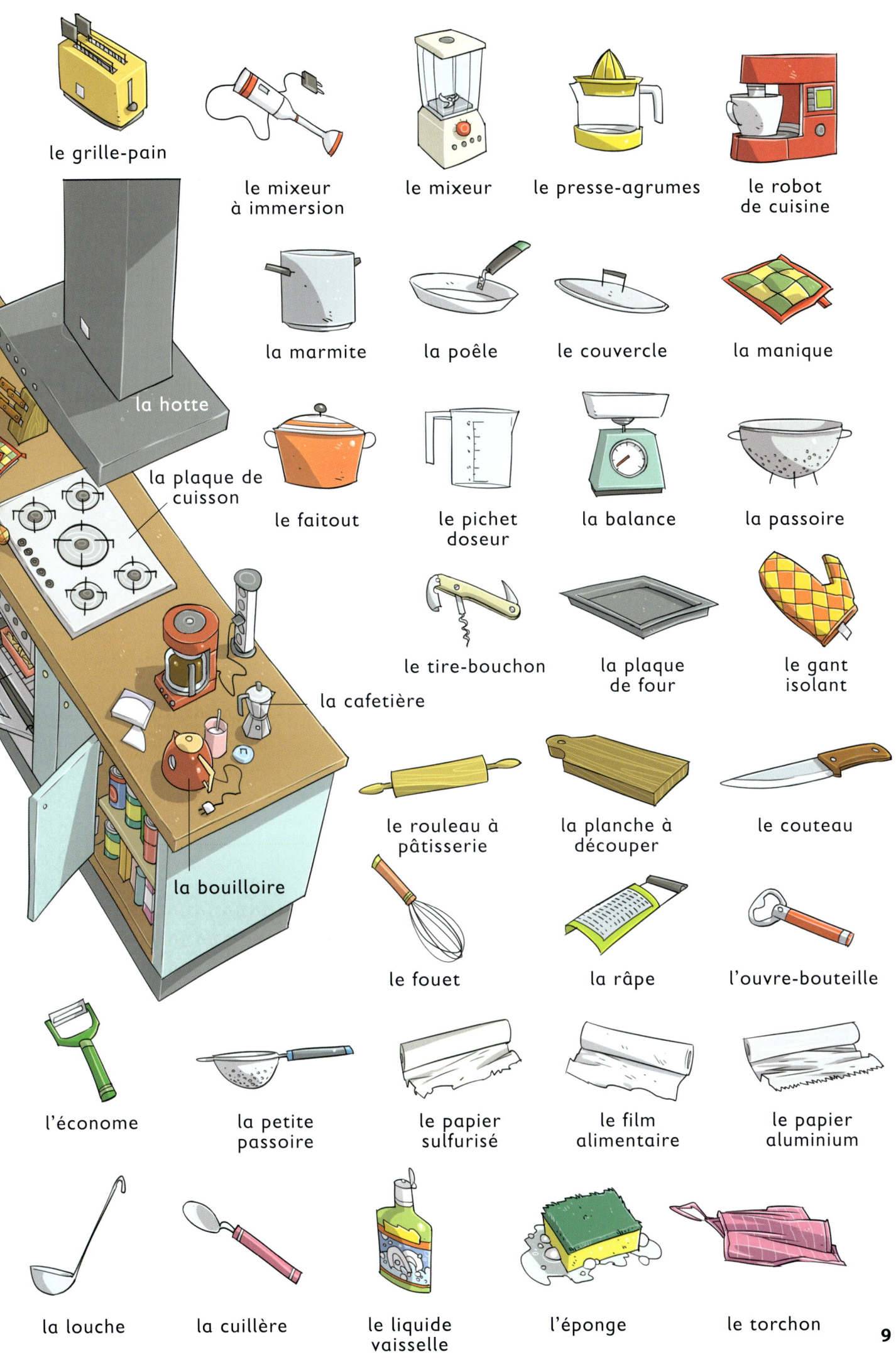

2 La cuisine

Ma chérie, où est… ?

— Ma chérie, où est la balance ?
— Elle est dans le placard, derrière la passoire et la râpe.

— Je voudrais faire un gâteau, mais dans cette cuisine on ne trouve jamais rien !
— Cette cuisine est trop petite ! Je l'ai toujours dit !

— Par exemple : où sont les maniques ?
— Elles sont dans la marmite, dans le four.

— Dans le four ?
— Je ne savais pas où la mettre… la marmite est grande et la cuisine est petite !

— Et où est le fouet ?
— Dans le tiroir, à côté du rouleau à pâtisserie.

— Ah, voilà pourquoi je ne trouve rien… Par contre, où est le gant de cuisine ? Avec les maniques ?
— Non, le gant de cuisine est sur le réfrigérateur.

— Il me faut aussi la plaque de four… mais elle n'est pas dans le four.
— Bien sûr que non : dans le four, il y a la marmite ! La plaque de four est sous le grille-pain.

— Et où est le pichet gradué ?
— Je l'ai mis dans le congélateur.

— Le pichet doseur… dans le congélateur ?
— Il n'y avait pas de place ailleurs ! Il nous faut une cuisine plus grande !

— Je suis d'accord avec toi ! Une dernière chose : j'ai aussi besoin du mixeur à immersion.
— Le mixeur à immersion est dans le four micro-ondes.

— Excuse-moi, mais… je ne trouve pas le four micro-ondes non plus.
— Il est sous l'évier !

— Mais… où est le lave-vaisselle ?
— Euh… le lave-vaisselle est dans la salle à manger. Cette cuisine…

— Oui, j'ai compris… cette cuisine est vraiment trop petite !

En plus...

Actions en cuisine

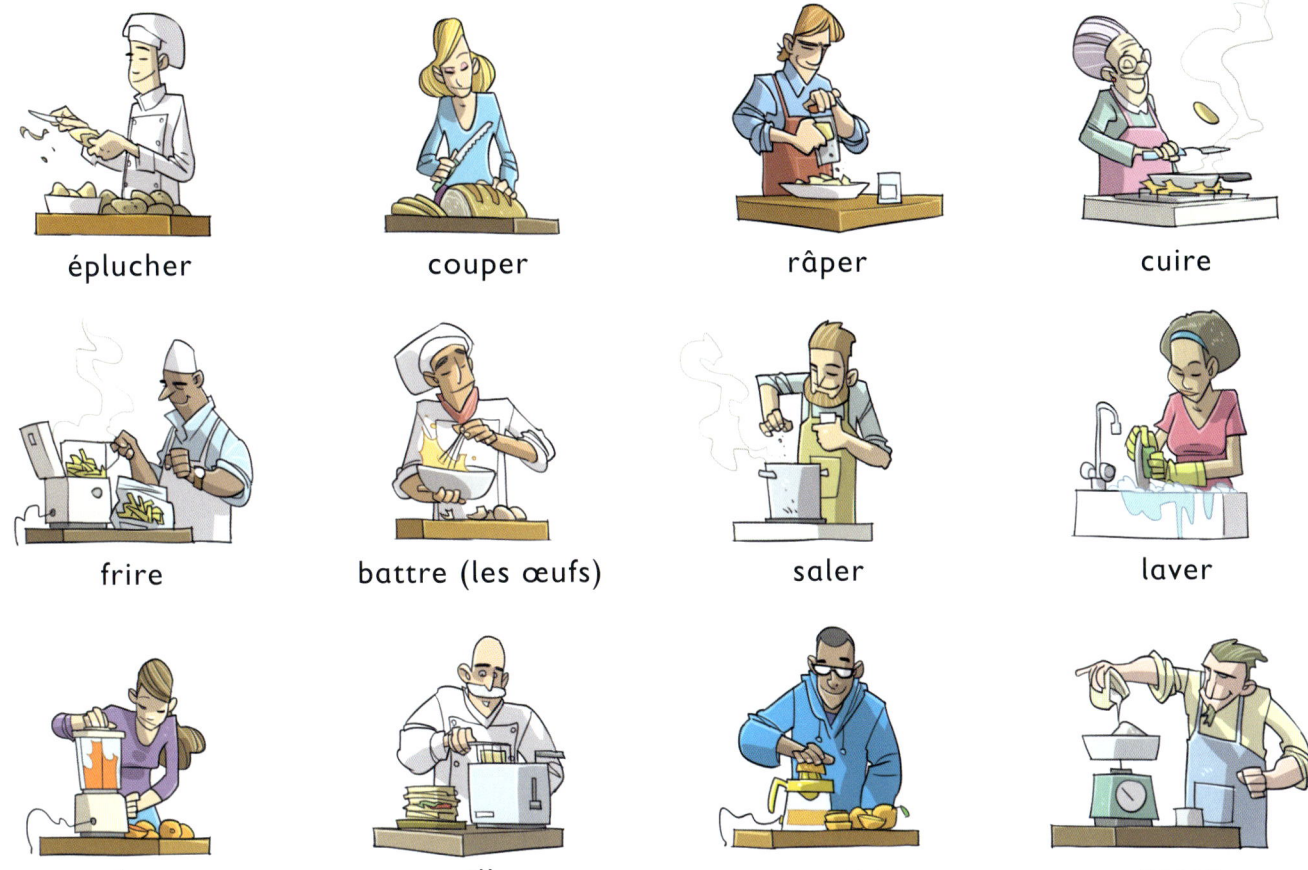

éplucher — couper — râper — cuire

frire — battre (les œufs) — saler — laver

mixer — griller — presser — peser

Expressions idiomatiques

Un dur à cuire
(Une personne capable de résister à tout)
Robert n'a peur de rien, c'est un dur à cuire !

En faire tout un plat
(En faire toute une histoire)
Julie a raté son bus, elle en fait tout un plat !

Ne pas être dans son assiette
(Se sentir mal)
Ma mère a de la fièvre, elle n'est pas dans son assiette.

Avoir du pain sur la planche
(Avoir beaucoup de travail)
Le prof a beaucoup de copies à corriger, il a du pain sur la planche.

Détails

Le pain

la croûte — la mie — la tartine — les miettes

Activités numériques interactives

3 Le salon et la salle à manger

le lampadaire
le fauteuil
la cheminée
le tapis
le canapé
le pot

| le coussin | la table basse | le tableau | le lustre | la table |

| la télécommande | le téléviseur | les rideaux | l'étagère | la chaise |

12

3 Le salon et la salle à manger

Bougeons les meubles !

— Alors Alain, la table et les chaises, nous allons les mettre à côté de la bibliothèque... allez, déplace-les !
— Un instant Sophie... ils sont lourds !

— Puis nous allons mettre le canapé devant la cheminée, tu es d'accord ?
— Oui... mais aide-moi !

— Je t'aide ! Je porte les coussins !
— Voilà, c'est fait ! C'est fatigant... Alors ? Ça te plaît ?

— Je ne sais pas trop ! Essayons de mettre le fauteuil à côté du mur.
— Il est très lourd...

— Et au milieu de la pièce, nous allons mettre la table basse.
— Voilà, c'est fait !

— Attends ! Nous avons oublié le tapis !
— Le tapis ?

— Bien sûr ! Il faut mettre le tapis sous le fauteuil et le canapé.
— Oh, non !

— Je m'occupe du tapis ! Toi, soulève le fauteuil et le divan !
— Dépêche-toi ! C'est lourd...!

— Arrête de te plaindre ! Voilà, le tapis est là où il faut !
— Tant mieux... c'est fatigant ! Heureusement que nous avons terminé ! Ça te plaît ?

— Je ne sais pas trop... essayons de mettre la lampe dans le coin et d'accrocher les tableaux au mur...
— Mais je suis fatigué !

— Arrête de te plaindre ! Allez, mets le téléviseur ici... non, c'est trop près des rideaux comme ça ! Moi, je t'apporte la télécommande !
— Voilà, c'est fait ! Je n'en peux plus ! Qu'est-ce que tu en penses ? Ce n'est pas mal non ?

— Heu... tu sais quoi ?
— Quoi ?

— Ce n'est pas terrible ! Remets tout comme avant !

En plus...

Dans le salon

l'appuie-bras du canapé • le canapé-lit • le cadre du tableau • le vase de fleurs

le porte-revues • le pouf • le meuble-vitrine • la bougie

le bibelot • la moquette • le parquet • la tapisserie

Expressions idiomatiques

Se prendre les pieds dans le tapis
(Ne pas réussir quelque chose du premier coup)
Daniel n'a pas eu son examen, il s'est pris les pieds dans le tapis.

Tenir salon
(Se réunir pour parler de choses superficielles)
Nous aimons parler de choses et d'autres pour nous détendre. Nous adorons tenir salon !

Faire tapisserie
(Ne pas participer activement à une fête)
Personne ne m'a invitée à danser, j'ai fait tapisserie toute la soirée !

Noircir le tableau
(Voir les choses de façon plus négative qu'elles ne le sont)
Les médias exagèrent souvent, les journalistes ont tendance à noircir le tableau.

Détails

La lampe

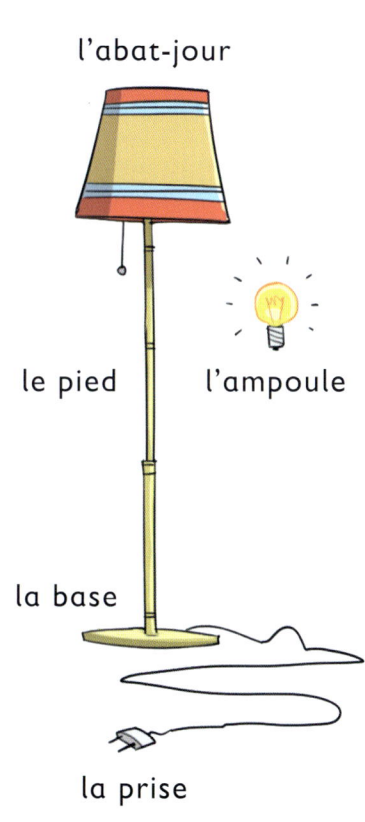

l'abat-jour • le pied • l'ampoule • la base • la prise

Activités numériques interactives

4 La chambre à coucher et la salle de bains

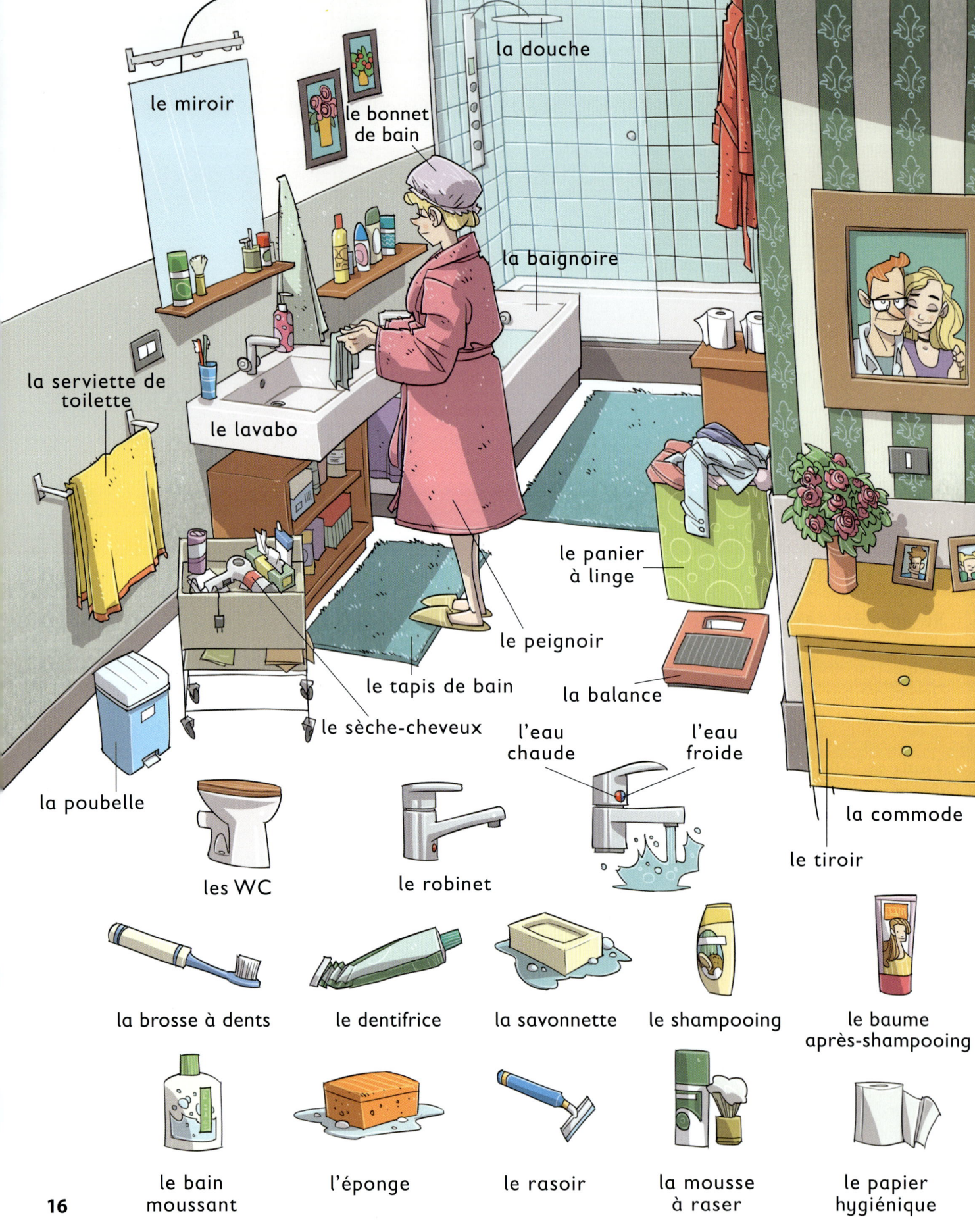

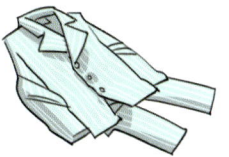 le pyjama
 la chemise de nuit
 la robe de chambre
 les mules

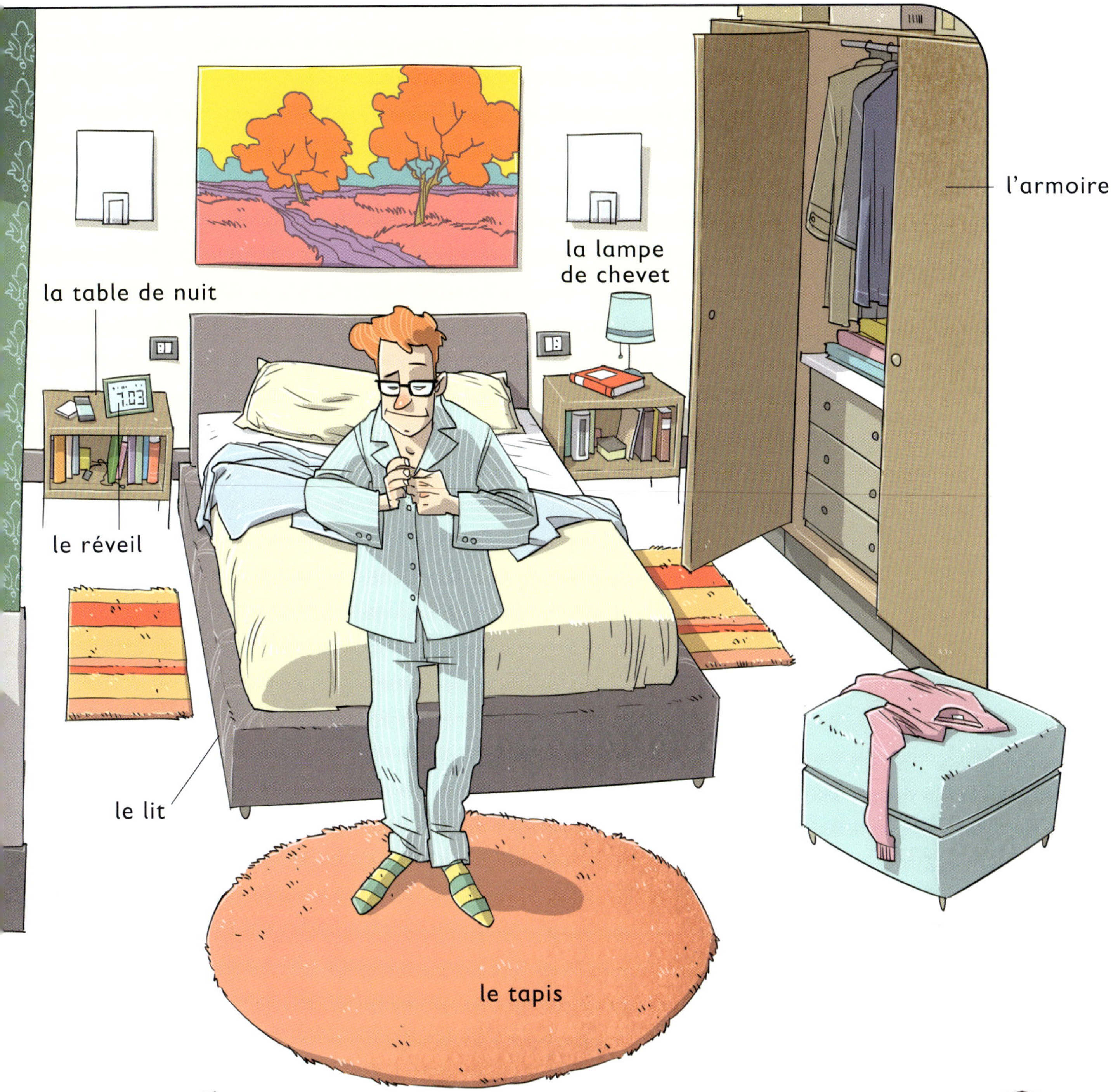

- l'armoire
- la lampe de chevet
- la table de nuit
- le réveil
- le lit
- le tapis

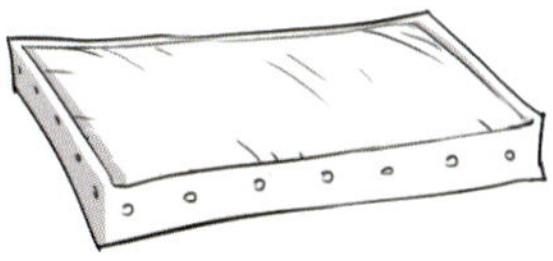

- le matelas
- le drap 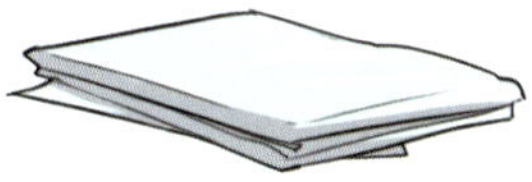
- l'oreiller 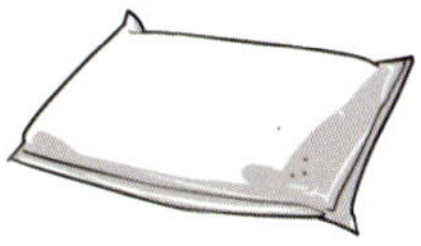
- la taie d'oreiller 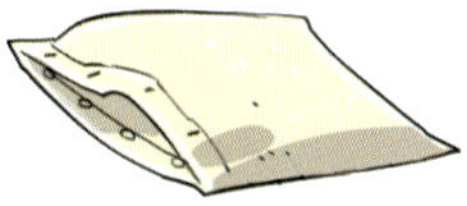
- la couverture 
- la couette 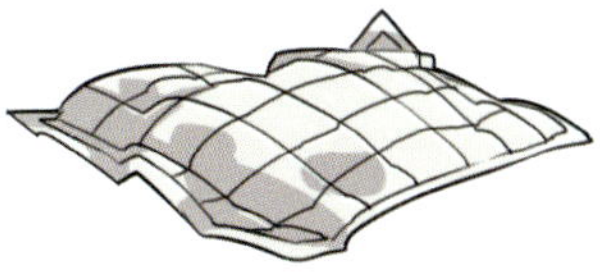
- la housse de couette 
- le plaid 
- la descente de lit 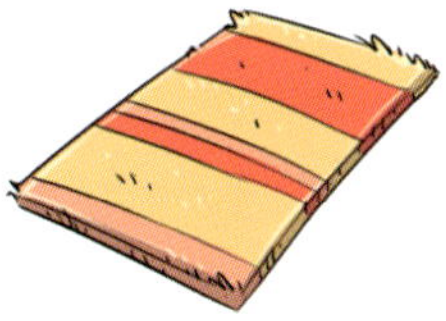
- le cintre

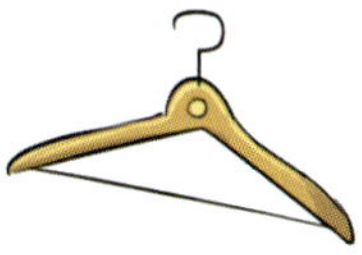

4 La chambre à coucher et la salle de bains

Je me dépêche !

— Sylvie, où es-tu ?
— Dans la salle de bains, mon chéri ! Je sors de la douche.

— Tu en as encore pour longtemps ? Je voudrais me laver les dents !
— Non, j'ai presque fini. J'enfile mon peignoir et j'arrive !

— Parfait ! Moi entre-temps, je mets mon pyjama, je suis vraiment fatigué ce soir...
— Juste un instant mon chéri... je sèche mes cheveux et je sors. Je me dépêche !

— Alors entre-temps, je prends mes vêtements dans l'armoire et je les prépare pour demain.
— Antoine ! Demain n'oublie pas d'acheter du shampoing et un baume : il n'y en a plus !

— Du dentifrice aussi ? Ou il y en a encore ?
— Très peu ! Moi, je dois me laver les dents, j'espère qu'il y en aura assez pour toi aussi...

— J'espère ma puce... Je mets le réveil pour demain matin et je le laisse sur la table de nuit, d'accord ?
— Fais comme tu veux...

— Sylvie, tu as fini ?
— Mon amour, presque ! Je suis en train de mettre les serviettes dans le panier à linge.

— Sylvie...
— Attends ! Je nettoie le lavabo... et la baignoire aussi... je range l'éponge ici... et le bain moussant ici...

— ...
— Le miroir est sale... mais où ai-je mis le sèche-cheveux ? Ah, il est là !

— ...
— Me voilà ! Mais mon chéri, tu es déjà sous les couvertures ? Mon amour ? Mais tu dors déjà ? Voilà, toujours la même histoire : tu n'es vraiment pas patient !

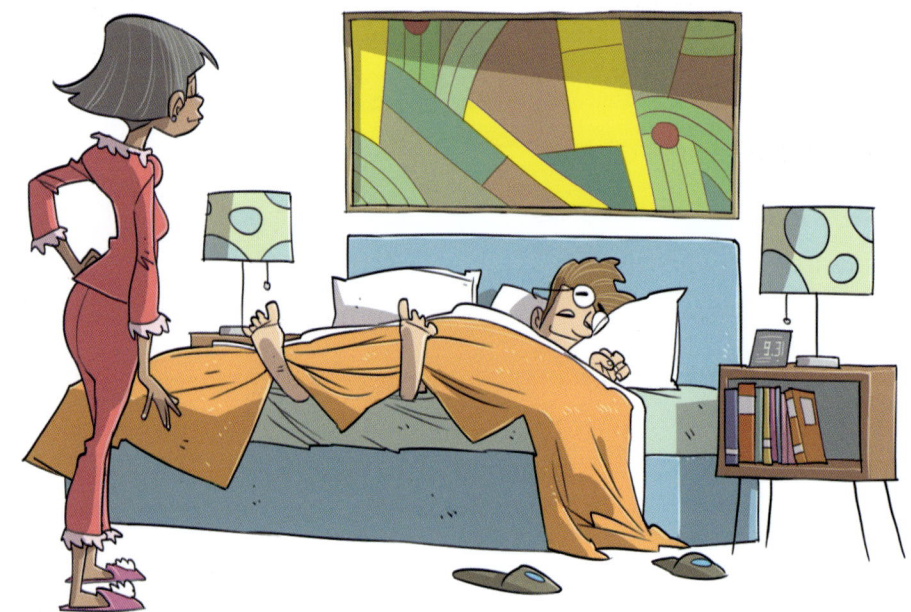

18

En plus...

Actions quotidiennes

dormir	 rêver	 se réveiller	 se lever

se laver	 prendre une douche	 prendre un bain	 se laver les dents

se raser	 sécher ses cheveux	 se coiffer	 se maquiller

Expressions idiomatiques

Être une armoire à glace
(Être imposant physiquement)
Ce garde du corps est impressionnant. C'est une véritable armoire à glace !

Passer un savon
(Remettre quelqu'un en place)
Je suis allé(e) au cinéma sans demander la permission et ma mère m'a passé un savon.

Être né coiffé
(Avoir de la chance)
Marion a gagné une grosse somme au loto, elle est née coiffée.

Ne pas être à prendre avec des pincettes
(Être de mauvaise humeur)
Cet élève n'est pas facile ce matin, il n'est pas à prendre avec des pincettes !

Détails

Les accessoires pour les soins personnels

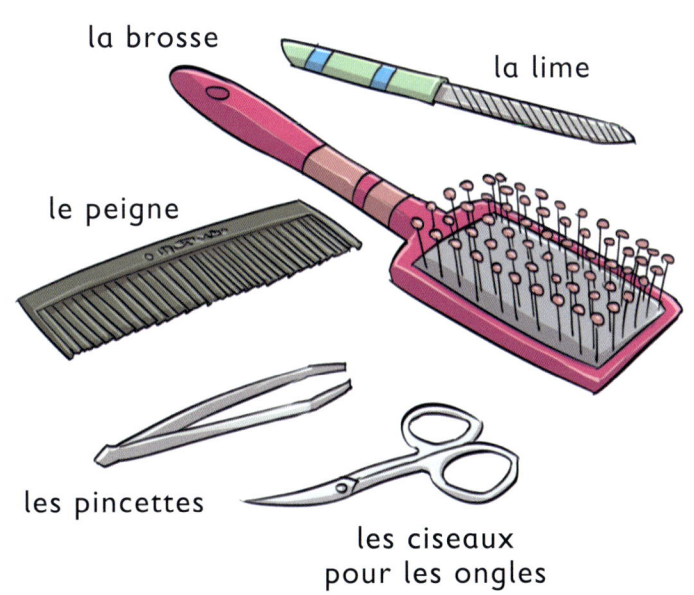

la brosse, la lime, le peigne, les pincettes, les ciseaux pour les ongles

5 La famille

5 La famille

Affaires de famille 🔊 ▶

— Papy, tu me racontes une histoire ?
— Bien sûr, laquelle ?

— Une histoire de quand maman était petite.
— D'accord... ta mère et ton oncle Alex, quand ils étaient petits, étaient très vivants et, comme tous les frères et sœurs, ils se taquinaient beaucoup.

— Tonton Alex et maman sont frère et sœur ?!
— Bien sûr ! Ce sont les enfants de mamie et moi.

— Ah... Et puis quoi encore ?
— Et puis ta maman a grandi et elle a connu ton père.

— C'est chouette !
— Oui... ta mamie et moi, nous étions très satisfaits de notre gendre !

— De qui ?
— De ton père ! Ton père est notre gendre, nous sommes les beaux-parents de ton père.

— Je ne comprends pas...
— Ah ! Ah ! Tu ressembles à ta cousine !

— À qui ?!
— À Lucille ! La fille de ton oncle Alex et de ta tante Anne, c'est ta cousine ! Lucille et toi, vous êtes nos petites-filles. Et Anne est notre belle-fille.

— Votre belle-fille ? Qu'est-ce que cela veut dire ?
— Que c'est la femme de notre fils.

— Papy, s'il te plaît, raconte-moi une autre histoire.
— Pourquoi ma puce ?

— Parce que dans cette histoire il y a trop de personnages ! Je n'y comprends plus rien !

En plus...

Étapes de la vie

le bébé   le petit garçon   le garçon   l'adulte   la personne âgée

tomber amoureux   se fiancer   se marier   se séparer

Expressions idiomatiques

Être un fils à papa
(Être un jeune riche et gâté)
Nicolas a tout ce qu'il veut... c'est vraiment un fils à papa !

Laver son linge sale en famille
(Régler ses comptes en privé)
Anne et Aurélie ont des choses désagréables à se dire, elles lavent leur linge sale en famille.

C'est de famille !
(Ce dont on a hérité)
Il est très intelligent. C'est de famille !

Élever un enfant dans du coton
(Protéger excessivement un enfant)
Kévin ? On ne peut rien lui dire, il a été élevé dans du coton.

Détails

La fête d'anniversaire

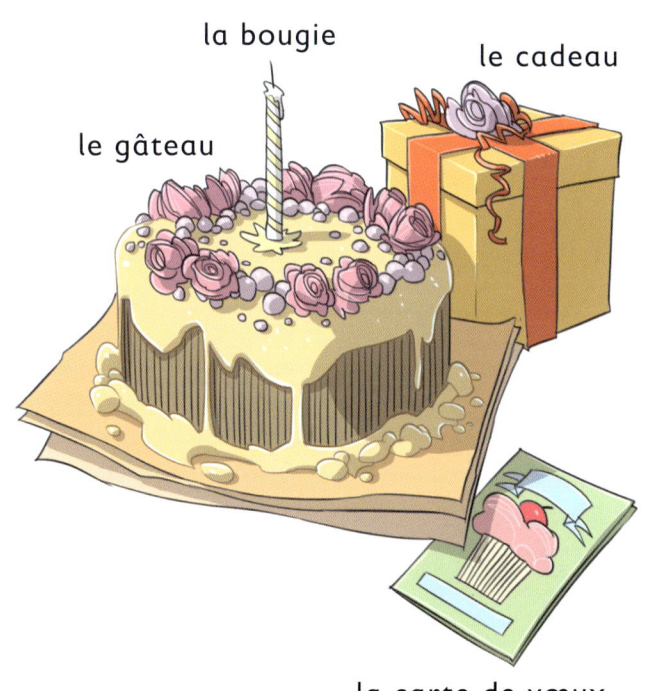

la bougie — le cadeau — le gâteau — la carte de vœux

Activités numériques interactives

6 Les tâches ménagères

6 Les tâches ménagères

Faisons le ménage !

— Valérie dépêche-toi, nous devons sortir !
— Non, papa ! Nous devons attendre Lory !

— Encore ? Et qu'est-ce qu'elle doit faire cette fois ?
— Elle doit cuisiner !

— Mais elle ne peut pas le faire après, ma chérie ?
— Non, parce qu'après elle a autre chose à faire.

— Et que doit-elle faire exactement ?
— Elle doit refaire son lit, nettoyer les vitres et ranger ses affaires ! Ensuite, elle doit faire la vaisselle et faire une machine à laver !

— Peu importe, sortons quand même !
— Allez papa, attendons-la ! Elle doit seulement passer l'aspirateur et repasser ! Elle ne va pas en avoir pour longtemps !

— Alors, le linge est déjà sec… incroyable !
— Tu sais, Lory sait très bien faire les choses ! Elle a dépoussiéré, balayé, lavé le sol et elle a même fait les courses !

— Elle en a fait des choses !
— Oui… et seulement en dix minutes !

— Quel phénomène ! Mais pourquoi toutes ces tâches ménagères aujourd'hui ?
— Parce que ce soir elle organise une fête et la maison doit être en ordre !

— Ah d'accord… et elle en a encore pour longtemps ?
— Dix minutes, pas plus !

— Écoute, la prochaine fois que je devrai faire le ménage… prête-moi ton robot *Lory Supergirl* !

En plus...

Objets utiles à la maison

la table à repasser le fer à repasser l'aspirateur le séchoir

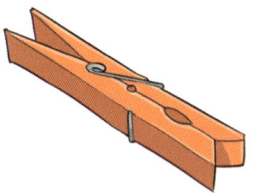   

l'épingle à linge l'escabeau le balai le ramasse-poussière

 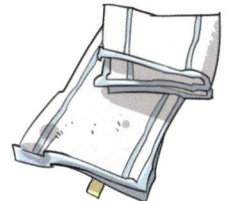  

le seau la serpillière la bassine les gants en caoutchouc

Expressions idiomatiques

Cacher la poussière sous le tapis
(Cacher quelque chose sans vraiment le faire disparaître)
Il est évident que Paul veut cacher la poussière sous le tapis pour ne pas montrer ses erreurs.

Mordre la poussière
(Perdre)
J'ai fait mordre la poussière à mes adversaires et j'ai gagné la compétition.

Faire trembler les vitres
(Parler ou chanter très fort)
Je suis allé à l'opéra, la soprano a fait trembler les vitres !

Sécher les cours
(Ne pas aller à l'école)
Aujourd'hui, il y avait un devoir sur table, alors j'ai séché les cours car je n'avais pas révisé.

Détails

Les accessoires du chien

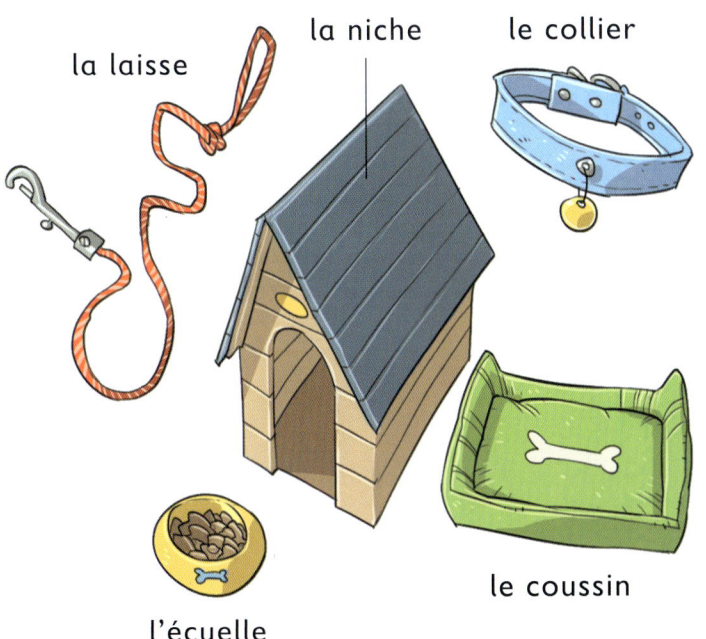

▶ Activités numériques interactives 27

7 Le jardinage

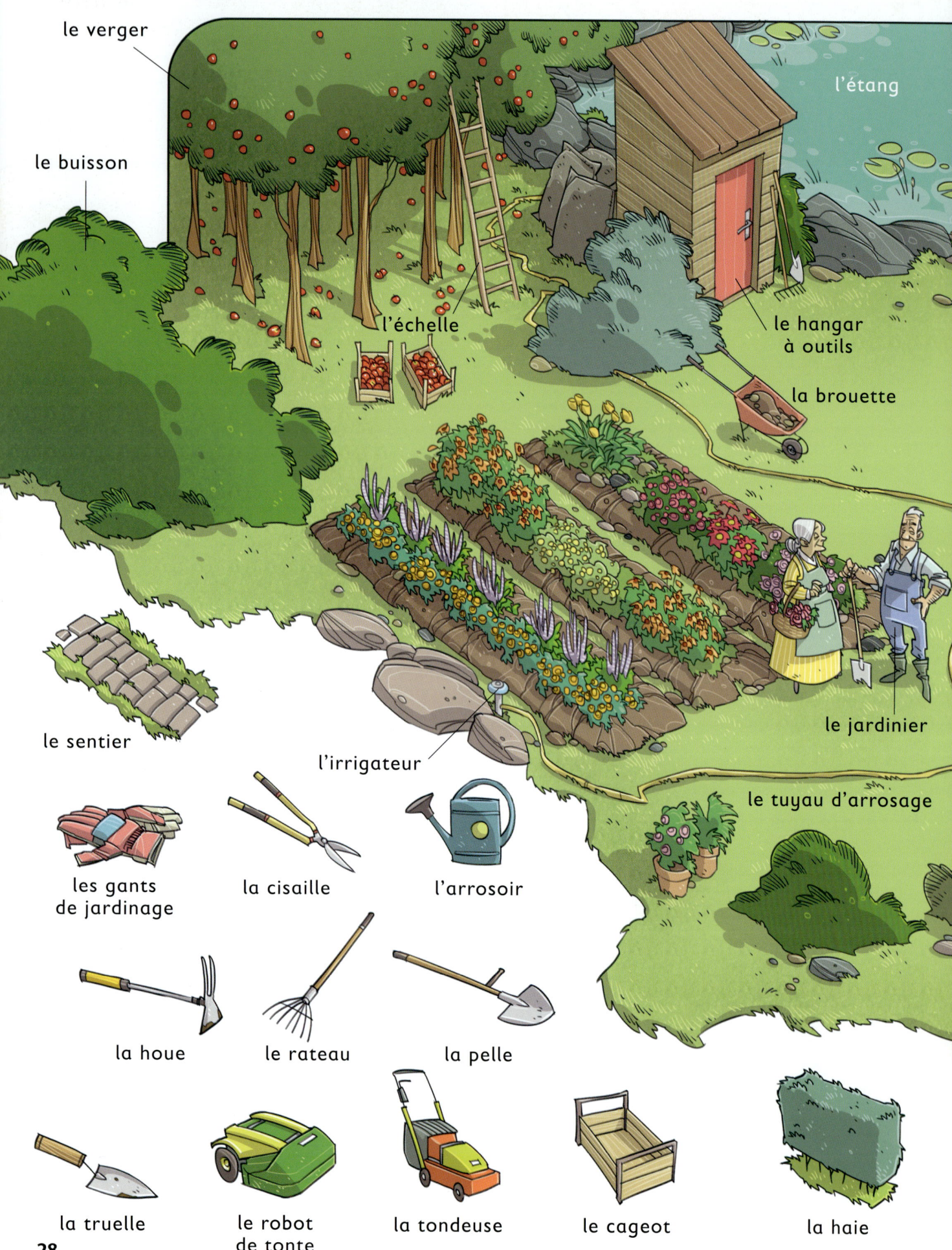

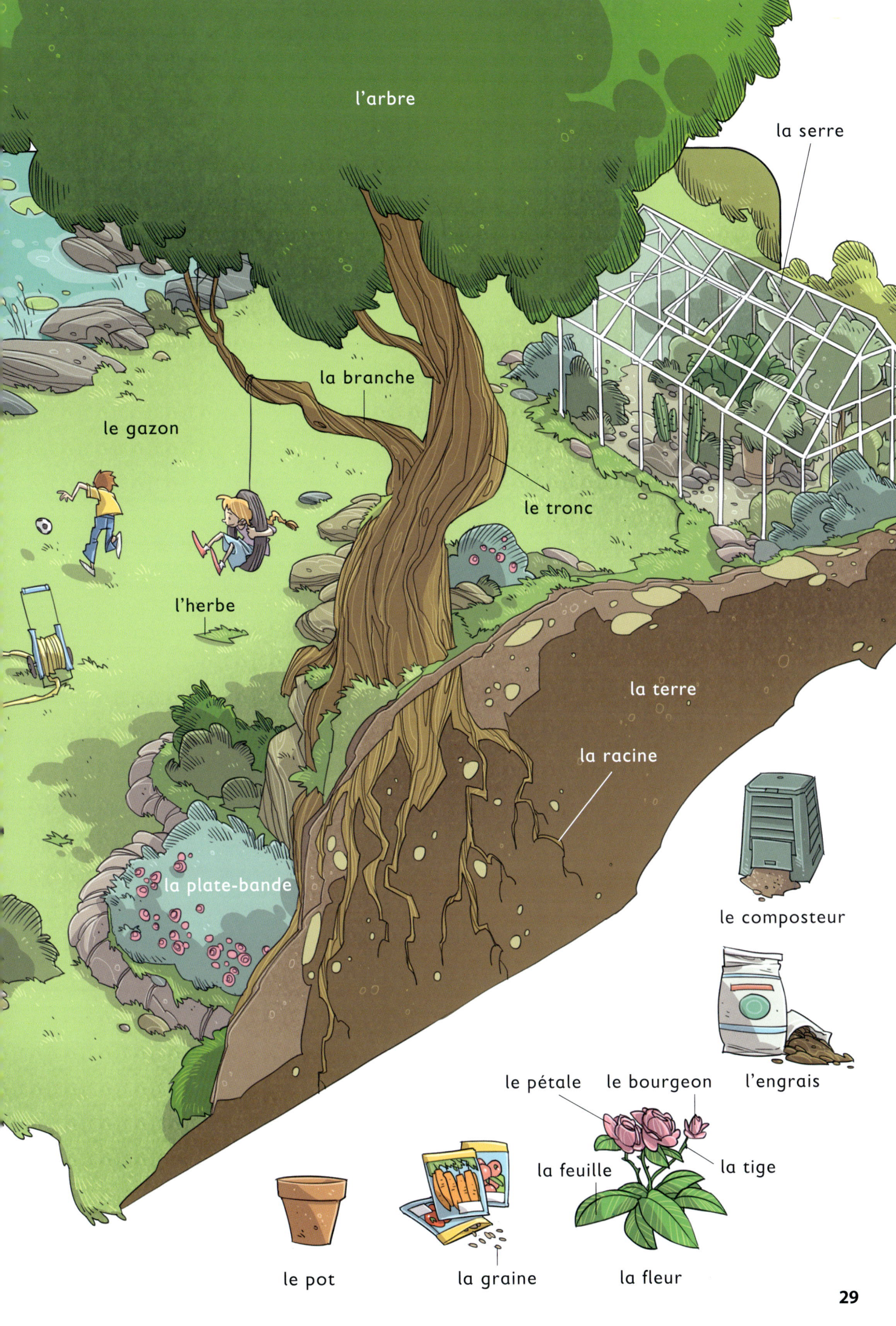

7 Le jardinage

Mystère dans le jardin

— Philippe, tu as vu le petit Kévin ? Il a disparu !
— Kévin ? Non… qui est-ce ?

— Oh, Kévin ! Mon petit Kévin ! Il s'est éloigné et je ne le trouve plus !
— Cherchons-le ! Tu as regardé derrière les buissons ?

— Oui. Dans la plate-bande aussi, mais rien à faire !
— Tu as regardé dans la serre ? Peut-être que le petit se cache au milieu des pots et des cageots…

— Non, non… j'ai déjà contrôlé !
— Et dans l'abri de jardin ?

— Non, je n'ai pas contrôlé le hangar à outils ! Il pourrait se faire mal ! Dedans, il y a des cisailles et la tondeuse à gazon !
— Allons-y tout de suite !

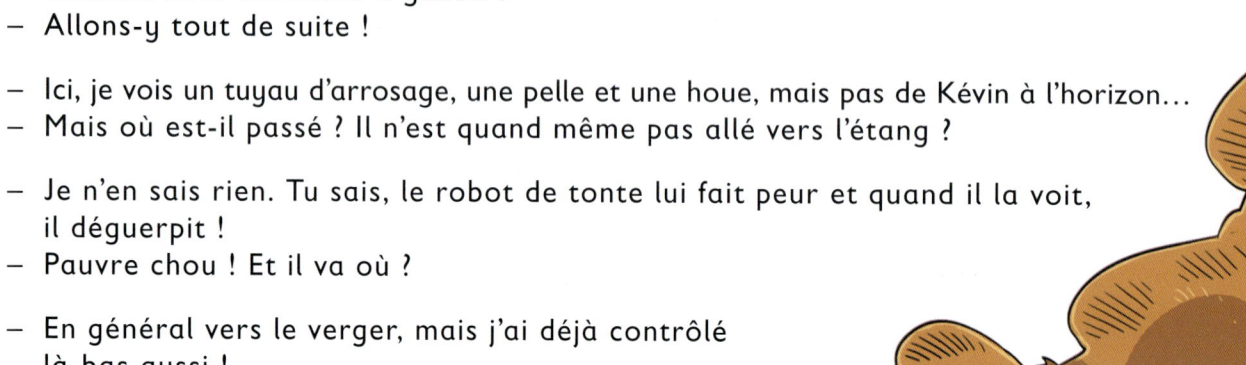

— Ici, je vois un tuyau d'arrosage, une pelle et une houe, mais pas de Kévin à l'horizon…
— Mais où est-il passé ? Il n'est quand même pas allé vers l'étang ?

— Je n'en sais rien. Tu sais, le robot de tonte lui fait peur et quand il la voit, il déguerpit !
— Pauvre chou ! Et il va où ?

— En général vers le verger, mais j'ai déjà contrôlé là-bas aussi !
— Hé ! Regarde là-bas ! J'ai vu quelque chose bouger !

— Où ?
— Derrière la haie !

— Kévin ! Mon amour ! Te voilà !
— Mais c'est un labrador !

— Oui, bien sûr ! Tu pensais que c'était quoi ?
— Rien, laisse tomber…

En plus…

Actions et fleurs dans le jardin

planter   arroser   tondre le gazon   ratisser les feuilles mortes

la rose   l'œillet   la tulipe   le narcis

l'iris   le chrysanthème   la jacinthe   le nénuphar

Expressions idiomatiques

Être fleur bleue
(Être sensible, sentimental)
Mon mari m'offre souvent des roses, il est très fleur bleue.

Faire une fleur à quelqu'un
(Accorder une faveur à une personne)
Mon copain m'a fait une fleur, il m'a prêté ses exercices.

Être dans la fleur de l'âge
(Âge où l'on est en pleine forme)
Julien est dans la fleur de l'âge, il a de l'énergie à revendre !

Trembler comme une feuille
(Avoir peur)
Lise a visité un château hanté, elle tremblait comme une feuille tellement elle avait peur des fantômes !

Détails

La plate-bande

les cailloux   l'écorce

la plante grasse

l'épine

Activités numériques interactives

8 La ville

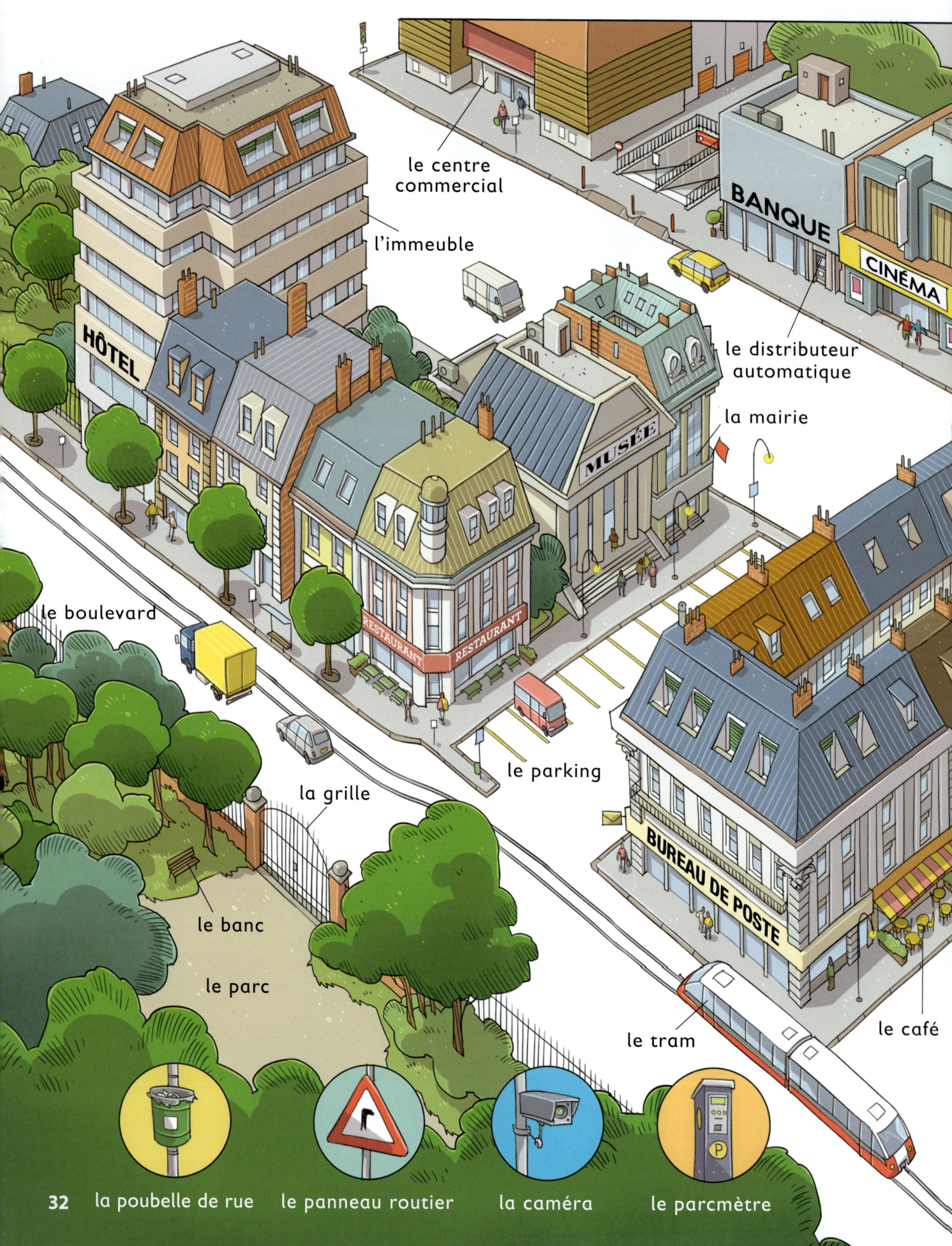

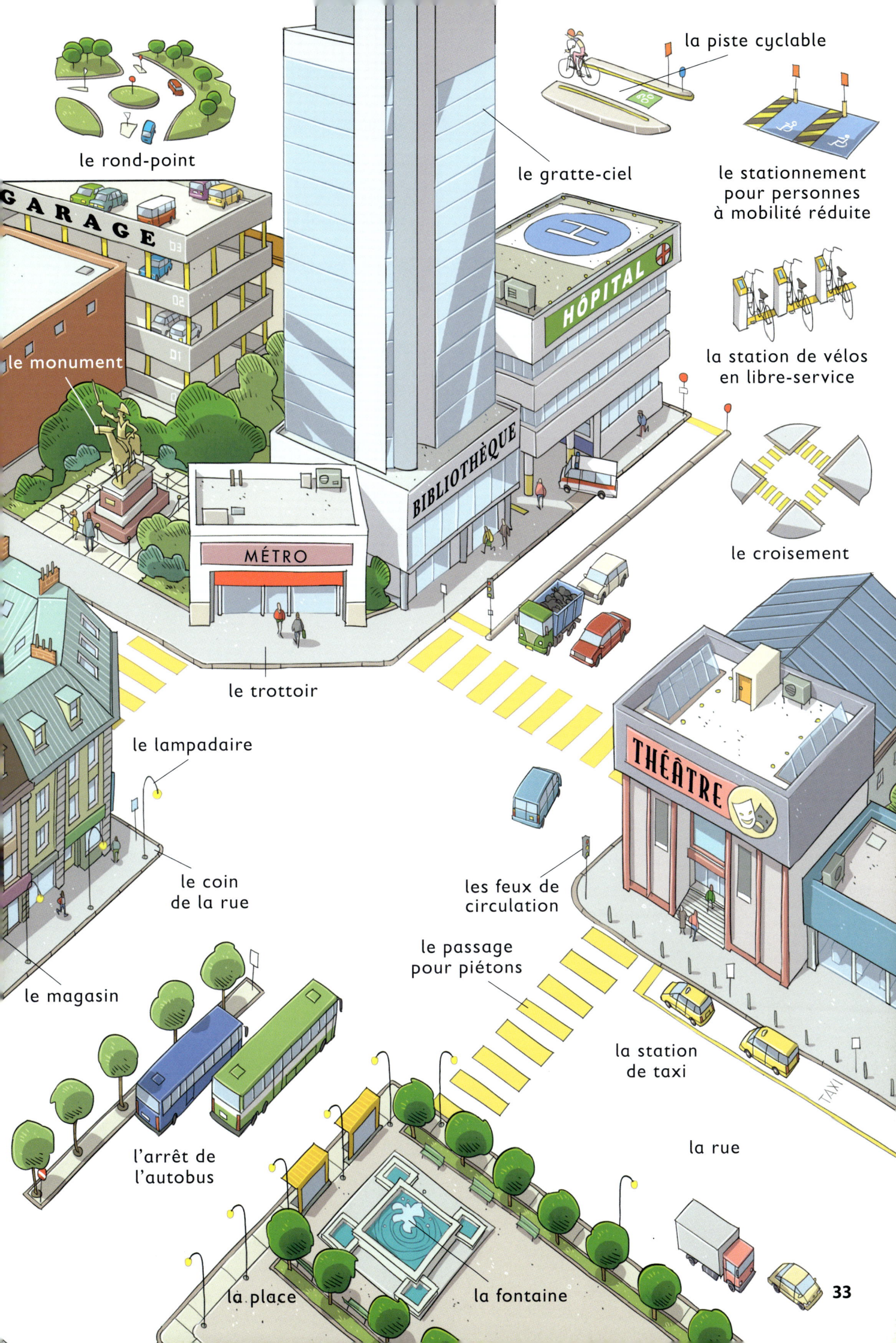

8 La ville

Au voleur !

— Au voleur ! Au voleur !
— Qu'est-ce qui se passe, Madame ? Je suis commissaire de police !

— Un voleur m'a volé mon sac à main ! Il a longé l'avenue et, au croisement, il est allé vers le bureau de poste !
— Je prends ma voiture et je le suis !

— Non, nous allons le perdre de vue ! Courez ! Le voilà ! Il vient d'entrer dans le centre commercial !
— Madame, laissez-moi faire !

— Non ! Il a mon sac à main ! Regardez ! Il vient de sortir et il se dirige vers le cinéma !
— Je l'ai vu ! Mais comme il court vite !

— Il faut le rattraper, courez ! Il est là-bas, il est entré dans le garage !
— S'il vole une voiture nous allons le perdre… !

— Il a volé une voiture ! Vite, sautons dans un taxi !
— Police ! Chauffeur, suivez cette voiture !

— Il a tourné vers la place ! Vite !
— Maintenant, il passe devant le parc ! Il va vers le gratte-ciel…

— Le rond-point ! Attention, il tourne à gauche !
— Je connais ce quartier, j'y habite ! Nous allons le coincer !

— Il s'est arrêté devant cet immeuble jaune ! Courez Monsieur le commissaire !
— Mais… j'habite ici moi !

— Vite ! Il vient d'entrer dans cet appartement !
— Mais c'est le mien !!!

— Et comment a-t-il fait pour entrer ?!
— Heu… ce matin… je suis sorti en toute hâte… peut-être que je n'ai pas fermé la porte à clé…

— Lui par contre, il s'est enfermé à l'intérieur !
Prenez vos clés et ouvrez !
— Mes clés… mes clés… oh non !
Je les ai laissées dans la serrure !

— Et maintenant, qu'est-ce qu'on fait ?
— Et bien… sonnons à la porte
et gardons cette histoire pour nous,
d'accord ?

En plus...

Espaces urbains

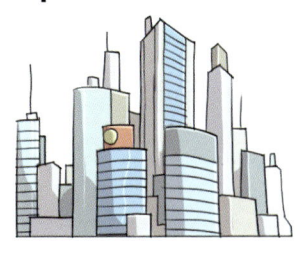

le centre-ville 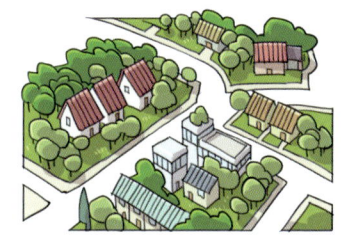 • la banlieue  • la zone piétonne  • la zone résidentielle

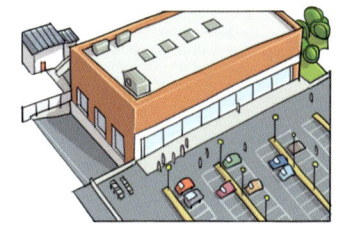

la zone commerciale 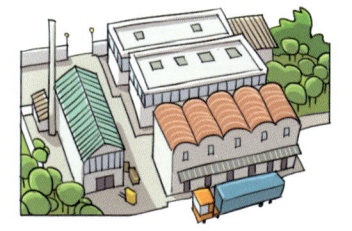 • la zone industrielle 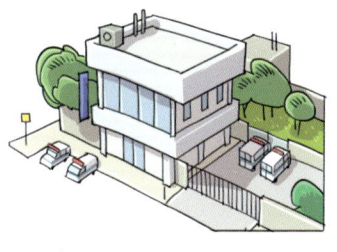 • le commissariat  • l'université

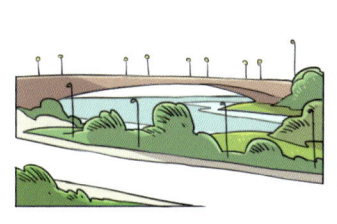

le pont  • l'escalier 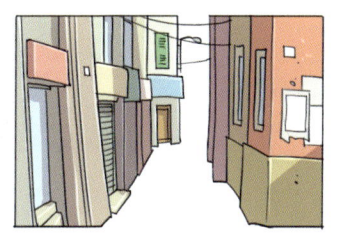 • la ruelle  • le canal

Expressions idiomatiques 🔊

Descendre dans la rue
(Participer à une manifestation)
Les manifestants sont descendus dans la rue pour protester contre la hausse des prix.

En faire tout un cinéma
(Exagérer)
Juliette s'est cassé une jambe, elle en a fait tout un cinéma !

Mettre au coin
(Punir)
Cet enfant ne fait que des bêtises et sa maîtresse le met souvent au coin !

Comme un éléphant dans un magasin de porcelaine
(Quand une personne est maladroite)
Marc, tu as cassé mon vase ! Quel maladroit ! Tu es comme un éléphant dans un magasin de porcelaine !

Détails

Les centres urbains

la métropole • la ville

le village • le hameau

▶ Activités numériques interactives   35

9 L'école

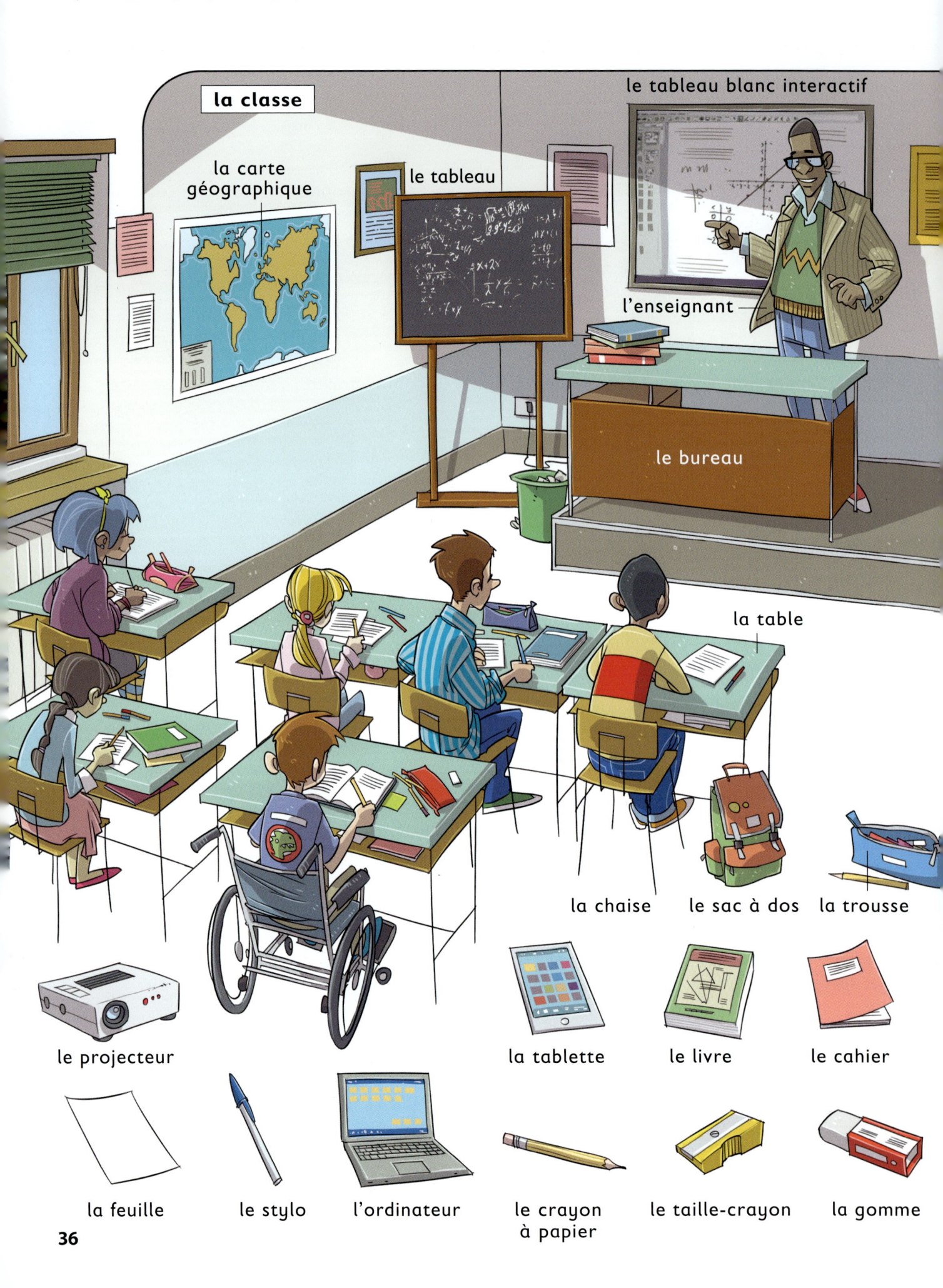

la classe

la carte géographique

le tableau

le tableau blanc interactif

l'enseignant

le bureau

la table

la chaise   le sac à dos   la trousse

le projecteur

la tablette   le livre   le cahier

la feuille   le stylo   l'ordinateur   le crayon à papier   le taille-crayon   la gomme la salle des professeurs   la cantine   la salle de sport   la bibliothèque   le laboratoire

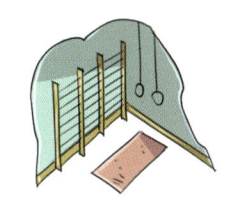

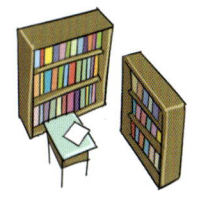

l'armoire

la mappemonde

l'horloge

le calendrier

la bibliothèque

l'élève

le tabouret

la corbeille

le feutre   le surligneur

le crayon de couleur   la calculatrice   la règle   l'équerre

le compas   le ruban adhésif   la colle   le pinceau   les aquarelles   les ciseaux

37

9 L'école

Interrogation orale !

— Alors, Fabien, tu veux venir au tableau ?
— Au tableau ?

— Allez, vite ! Viens au tableau : je dois t'interroger.
— Ah… je peux prendre mon livre ?

— Non.
— Mon cahier ?

— Non.
— Ma calculatrice ?

— Ta calculatrice ?! Pour être interrogé en histoire ? Allez, parle-moi des anciens Égyptiens !
— Voyons… les anciens Égyptiens… vivaient en Égypte ! Je vais vous montrer sur la carte géographique ?

— Non. Et encore ?
— Heu… les Égyptiens… construisaient des pyramides !

— Et comment ? Avec une règle et une équerre ?
— Je vais vous montrer ! Je vais prendre un crayon dans ma trousse et dessiner une pyramide !

— Fabien, maintenant ça suffit !
— Vous préférez… que je prenne des feutres ?

— Mais pourquoi tu ne travailles pas, Fabien ?!
— Mais si, je travaille ! C'est simplement qu'hier soir… j'ai dû étudier d'autres matières.

— Ah oui… lesquelles ?
— EPS !

— Éducation Physique et Sportive ? Et qu'est-ce que tu devais étudier ?
— Eh bien… j'ai dû préparer mon sac pour aller à la salle de sport et…

— Fabien ! Ça suffit comme ça… retourne à ta place !
Tu n'aimes vraiment pas l'école !
— Mais si ! J'adore l'école !
Surtout la cantine !

En plus…

Matières scolaires

histoire

géographie

mathématiques

langue vivante

Sciences et Vie de la Terre (SVT)

chimie

arts plastiques

informatique

éducation musicale

Éducation Physique et Sportive (EPS)

Expressions idiomatiques

Tourner la page
(Prendre une décision et laisser quelque chose derrière soi)
Julie et Fabien se sont disputés mais ils ont décidé de faire la paix et de tourner la page.

Dévorer un livre
(Adorer un livre)
J'ai lu « les Misérables » et j'ai adoré ! J'ai dévoré ce livre !

Être à la page
(Être bien renseigné ou à la mode)
Le proviseur est au courant de tout ce qui se passe dans son école. Il est toujours à la page !

Lire entre les lignes
(Deviner le sens caché d'un texte)
Quand on fait une analyse de texte, il faut toujours lire entre les lignes pour mieux comprendre le message de l'auteur.

Détails

Le livre

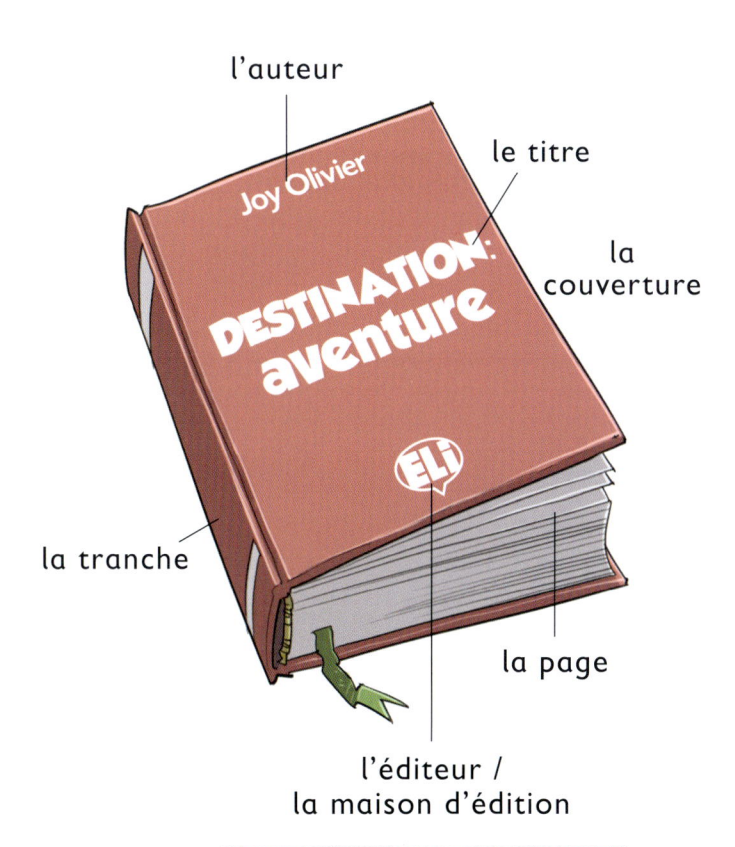

- l'auteur
- le titre
- la couverture
- la tranche
- la page
- l'éditeur / la maison d'édition

10 Le bureau

- le distributeur automatique
- la bibliothèque
- la fontaine à eau
- la photocopieuse
- l'ordinateur
- l'employée de bureau
- l'imprimante
- la corbeille
- la clé USB
- le chargeur
- le portable
- le téléphone
- la tablette
- l'horloge
- le calendrier
- la calculatrice
- la chemise
- le trombone

40

la salle de réunion

le coffre-fort

le directeur

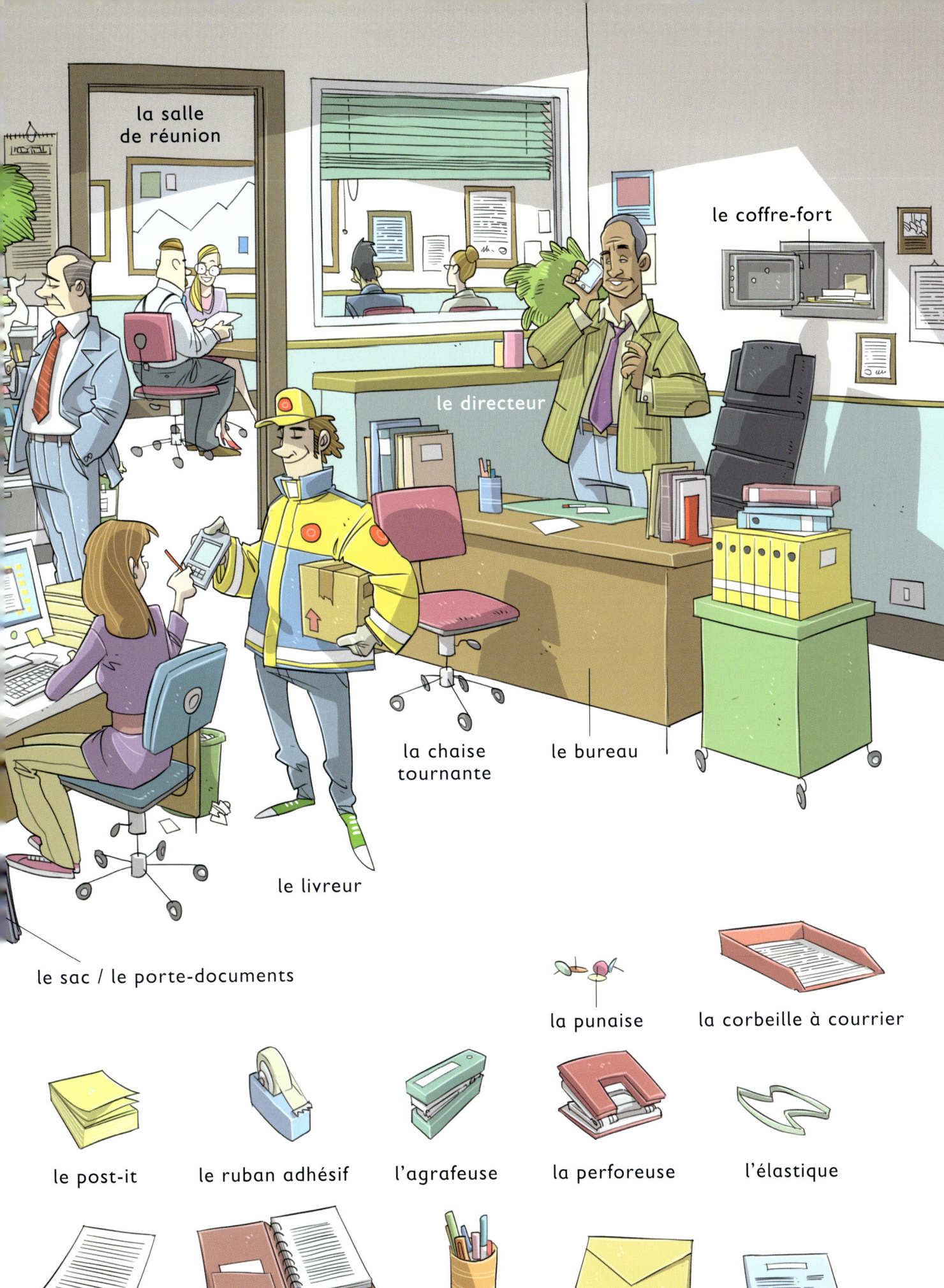

la chaise tournante

le bureau

le livreur

le sac / le porte-documents

la punaise

la corbeille à courrier

le post-it

le ruban adhésif

l'agrafeuse

la perforeuse

l'élastique

la feuille

le classeur

le porte-crayons

l'enveloppe

la carte de visite

41

10 Le bureau

Des papiers importants

Le téléphone sonne...
— Allô ? Ah, c'est vous Monsieur le directeur ! Bonjour !
— Excusez-moi si je vous dérange Madame Duval, mais je ne trouve pas la chemise rouge... peut-être qu'elle est sur votre bureau ?

— Non, Monsieur le directeur. Elle n'est ni sur mon bureau ni dans la bibliothèque.
— Pourriez-vous vérifier si elle est dans la salle de réunion, s'il vous plaît?

— Attendez un instant... non, elle n'y est pas, je suis désolée.
— C'est une catastrophe ! Il y a des papiers importants à l'intérieur ! En êtes-vous sûre ?

— Oui, Monsieur le directeur. Si vous voulez, je peux m'informer auprès des autres employés de bureau.
— Je vous remercie.

Peu après...
— Monsieur le directeur, je regrette mais personne n'a vu votre chemise rouge. J'ai même demandé au livreur.
— C'est vraiment une catastrophe ! Soyez gentille : regardez sur la photocopieuse !

— Rien, je suis désolée.
— Sur mon imprimante ?

— Non plus, Monsieur le directeur.
— Dans le coffre-fort ?

— Oui, la voilà Monsieur le directeur !
— Heureusement ! Apportez-la-moi tout de suite s'il vous plaît !

— Bien sûr ! S'il y a des papiers importants à l'intérieur...
— Importants ? Très importants ! Il y a la liste de courses que ma femme m'a donnée ! Si je la perds, je suis un homme mort !

En plus...

Pour travailler

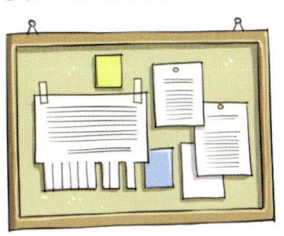

les annonces d'offre d'emploi

le curriculum vitae

l'employeur

l'embauche

le contrat de travail

le collègue

le licenciement

les congés parentaux ou de maternité/paternité

le salaire

les congés

les congés maladie

partir en retraite

Expressions idiomatiques

Être assis entre deux chaises
(Être dans une situation délicate)
Faut-il investir ou fermer l'entreprise ?
Le directeur est assis entre deux chaises.

Avoir carte blanche
(Être libre de prendre l'initiative)
Pour conclure le marché, je peux agir comme bon me semble... mon patron m'a donné carte blanche.

Avoir un horaire élastique
(Avoir un emploi du temps modulable)
Justine travaille à son compte, elle commence et termine quand elle veut. Elle a la chance d'avoir un horaire élastique.

Toucher un gros salaire
(Être bien rémunéré)
Le PDG de cette société gagne bien sa vie, il touche un gros salaire.

Détails

La carte de visite

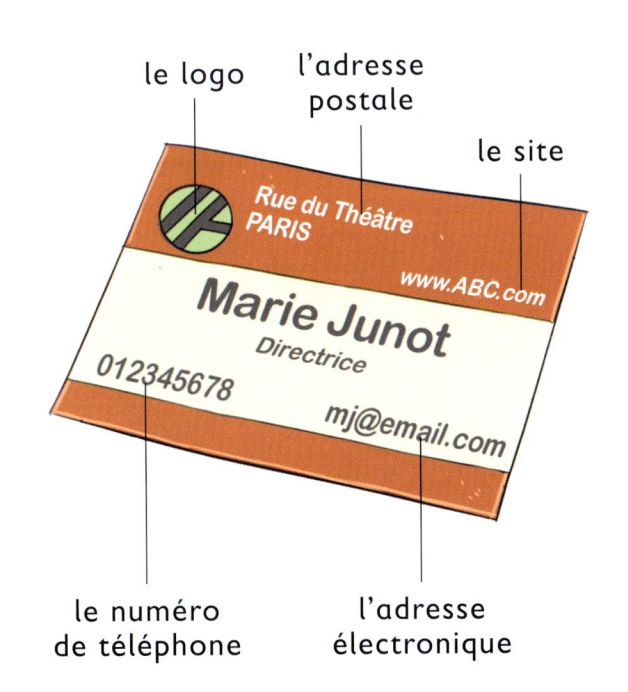

- le logo
- l'adresse postale
- le site
- le numéro de téléphone
- l'adresse électronique

Marie Junot — Directrice
Rue du Théâtre PARIS
www.ABC.com
012345678
mj@email.com

11 Le restaurant

la cuisine

le cuisinier

le serveur

la chaise haute

l'eau plate

l'eau pétillante

le café

le vin blanc

le vin rouge

la bière

le cocktail

le seau à glace

le mousseux

la carte des vins

le menu

la corbeille à pain

l'addition | le pourboire

la soupe / le potage | les spaghettis

le riz | la viande

le poulet | le hamburger

les saucisses | le poisson

les haricots | les frites

les légumes | la salade

le client

le maître d'hôtel

les œufs | le plateau de fromage | la pizza | l'huile | le vinaigre

la salade de fruits | la glace | le gâteau | le flan | le sel | le poivre

11 Le restaurant

L'addition, s'il vous plaît !

– Messieurs, vous désirez autre chose ? Un morceau de gâteau ? Un café ?
– L'addition, s'il vous plaît !

– Très bien. Alors… comme boisson vous avez pris de l'eau plate et du vin blanc, n'est-ce pas ?
– C'est bien cela… mais le vin était exécrable.

– Je suis désolé… Je comptais sur le sommelier pour bien vous conseiller.
– Malheureusement il ne l'a pas fait. Pardonnez-moi mais pas question de payer un vin aussi mauvais !

– Je suis désolé ! Écoutez, je vais vous faire une petite réduction, d'accord ?
– Je vous remercie, vous êtes bien aimable…

– Ensuite, vous avez commandé du potage et de la salade…
– Le potage était froid.

– Froid ? C'est bizarre, le cuisinier venait juste de le préparer. Est-ce que vous nous pardonneriez avec une autre petite réduction ?
– Bien sûr, merci !

– Comme plat principal, vous avez par contre pris du poisson avec des légumes et du poulet avec des frites, c'est bien cela ?
– Oui, mais le poisson était trop cuit et les frites trop salées !

– Je suis vraiment mortifié ! Je vais vous faire une autre réduction, d'accord ?
– Merci, vous êtes bien aimable.

– Puis vous avez pris de la salade de fruits, et pour terminer deux glaces et du mousseux.
– C'est exact. Mais le mousseux n'était pas frais ! Et la salade de fruits non plus !

– Vraiment, là je ne sais plus quoi dire… permettez-moi de vous faire une autre petite réduction !
– Parfait. Donc combien ça fait en tout ?

– Voici l'addition ! Je suis vraiment désolé que vous ayez mangé aussi mal chez nous !
– Mais non, nous avons bien mangé, nous voulions seulement une réduction !

En plus…

Un menu végétarien

les produits laitiers  — les légumes  — les légumes secs  — les sauces

les fruits secs  — les fruits de saison

les boissons  — le thé vert 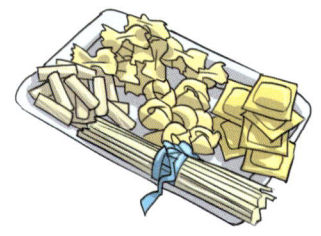 — les pâtes  — les gâteaux

Expressions idiomatiques 🔊

Pour une bouchée de pain
(Quand le prix n'est pas très élevé)
Lise a acheté une nouvelle voiture pour une bouchée de pain.

Être soupe au lait
(Se mettre facilement en colère)
Il ne faut pas l'agacer, il est plutôt soupe au lait !

Mettre son grain de sel
(S'occuper de ce qui ne nous regarde pas)
Julie intervient toujours dans la conversation, elle doit toujours mettre son grain de sel.

Avoir les cheveux poivre et sel
(Avoir des cheveux gris)
Henri a désormais les cheveux poivre et sel, mais cela lui va bien.

Détails

Les plats

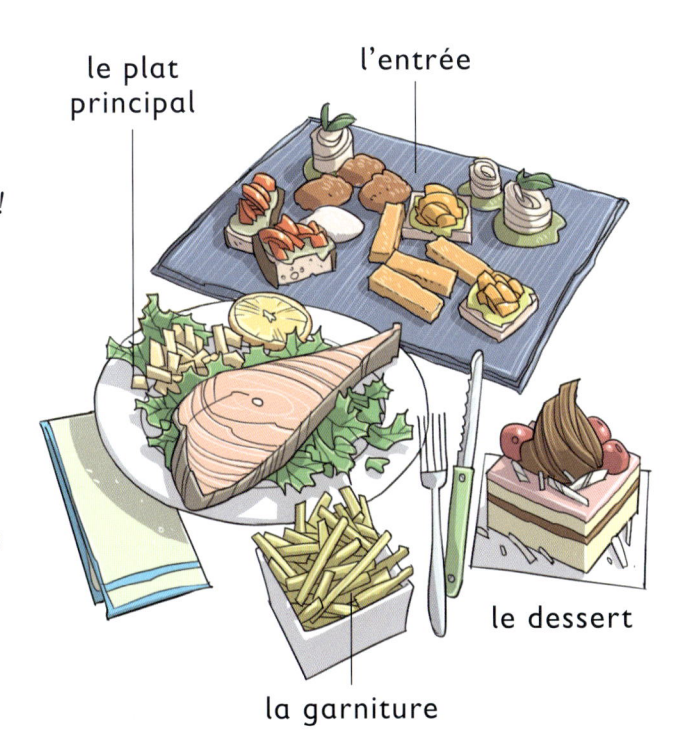

- le plat principal
- l'entrée
- le dessert
- la garniture

Activités numériques interactives

12 L'hôtel

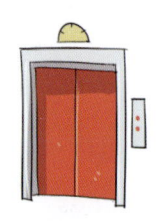

l'ascenseur

la connexion WiFi

le téléviseur

le mini-frigo

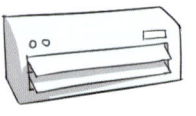

la climatisation

le coffre-fort

la bouilloire

le restaurant

la terrasse panoramique

la salle de bains

la baignoire

la douche

le hall

la réception

le chariot à bagages

la piscine

la cafetière

la couverture

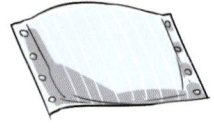

l'oreiller

le service en chambre

48

le client  · la pièce d'identité  · la clé électronique  · les bagages  · le numéro de la chambre

la cuisine

le signe «Ne pas déranger»

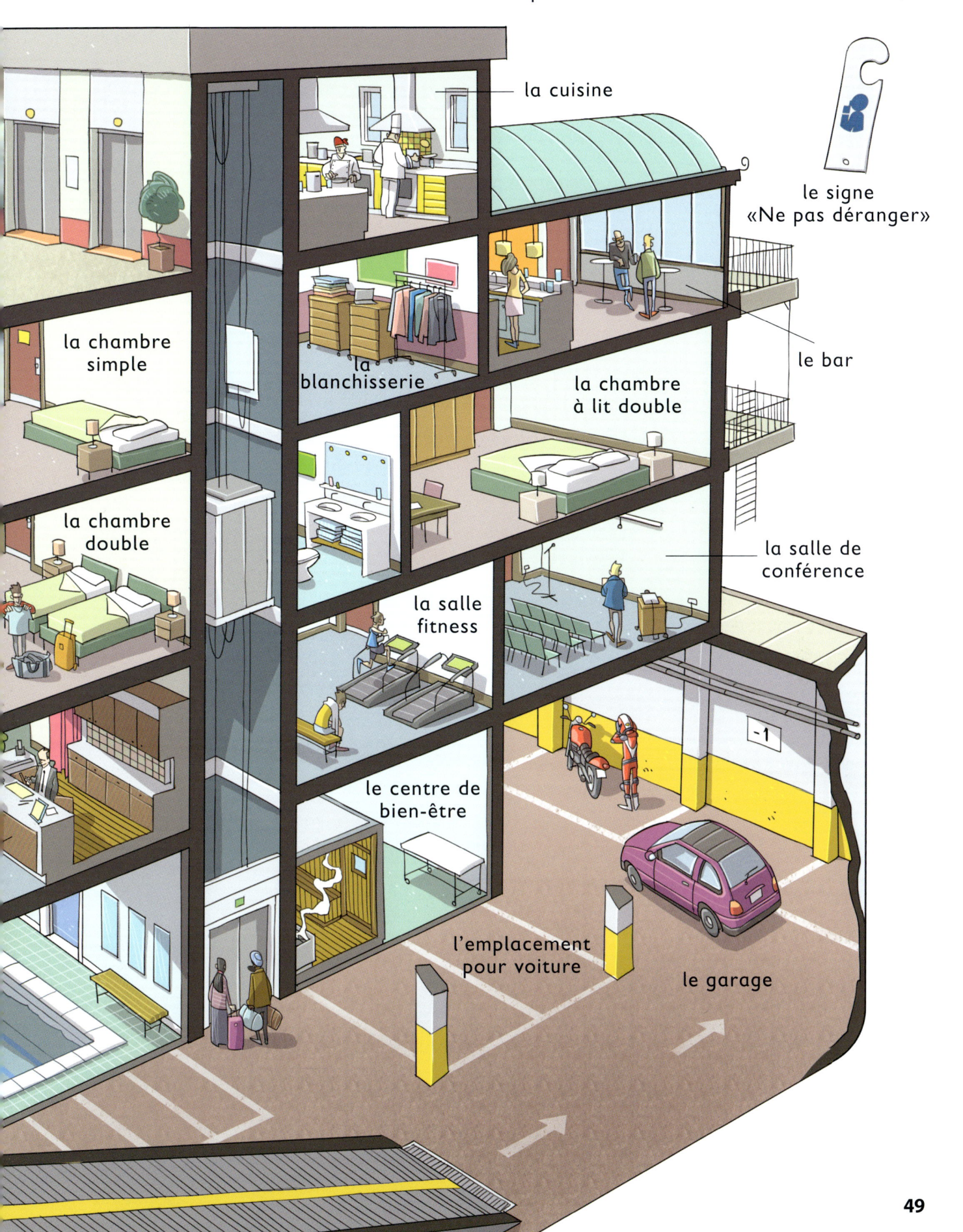

le bar

la chambre simple

la blanchisserie

la chambre à lit double

la chambre double

la salle de conférence

la salle fitness

le centre de bien-être

l'emplacement pour voiture

le garage

49

12 L'hôtel

Hôtel Beaurivage

– Bonjour, c'est bien l'hôtel Beaurivage ?
– Oui Madame, je vous écoute !

– Je voudrais réserver deux chambres pour le mois d'août… une chambre à lit double pour mon mari et moi et une double pour nos enfants.
– Pas de problème. Vous désirez quelque chose en particulier ?

– Vous avez un centre de bien-être, n'est-ce pas ?
– Oui, le centre Spa est inclus. Et vous disposerez d'une salle fitness pour rester en forme. Dès votre arrivée, le réceptionniste vous fournira tous les renseignements nécessaires.

– Les chambres sont-elles climatisées ?
– Bien sûr ! Il y a aussi un téléviseur, un mini-frigo et un coffre-fort.

– Et est-ce qu'il y a une connexion wifi ?
– Oui, nous avons une connexion wifi.

– Est-ce que le restaurant est inclus dans le prix ?
– Oui, si vous le désirez. Vous pouvez réserver les chambres et le petit-déjeuner, ou alors choisir la « pension complète », qui inclut le déjeuner et le dîner.

– La pension complète est parfaite.
– Notre restaurant se trouve sur une très belle terrasse panoramique, mais nous offrons aussi un « service en chambre » si vous préférez.

– Très bien. Avez-vous un garage où garer notre voiture ?
– Oui, vous pouvez y garer votre voiture pendant toute la durée de votre séjour.

– Parfait ! Alors je réserve les deux chambres… une chambre à lit double et une double avec deux lits jumeaux.
– D'accord !

– Les deux avec vue sur mer, s'il vous plaît !
– Avec vue sur mer ? Nous avons un petit problème : notre hôtel se trouve à la montagne !

– Mais comment cela… ce n'est pas l'hôtel Beaurivage ?
– Si, mais Beaurivage est le nom du propriétaire !

50

En plus…

Le personnel d'un hôtel

la réceptionniste
le directeur
le serveur
le chef

la réception

le restaurant

le bagagiste
la femme de chambre

le hall

les chambres

Expressions idiomatiques

C'est pas un hôtel ici !
(À la maison, il faut respecter les règles)
Tu entres et tu sors à n'importe quelle heure, c'est pas un hôtel ici !

Partir avec armes et bagages
(Partir en toute hâte avec le nécessaire)
Fabien est parti avec armes et bagages, sans prévenir, il est rentré chez lui.

Prendre la clé des champs
(S'enfuir)
Monsieur Dupont n'a pas payé sa note d'hôtel, il a pris la clé des champs.

Mettre sous clé
(Ranger dans un endroit fermé)
Le client a pu mettre ses papiers sous clé car dans cet hôtel il y a un coffre-fort.

Détails

Pour la douche

le bonnet

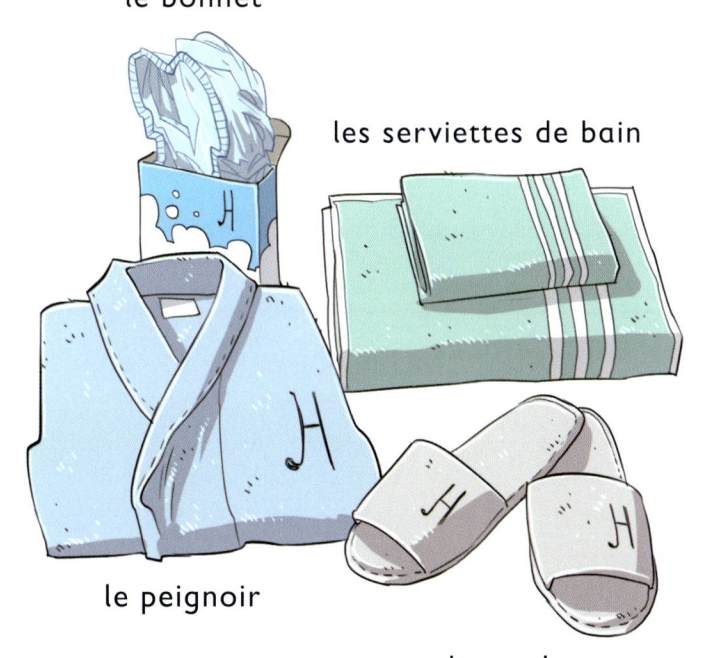

les serviettes de bain

le peignoir

les mules

▶ Activités numériques interactives

13 Les métiers et les professions

le musicien
la chanteuse
la guide touristique
le boulanger
le conducteur d'autobus
le chauffeur de taxi
la factrice
le transporteur
le pompier
le photographe
la journaliste
le garde du corps
l'homme politique

le maître de bain  le pêcheur  l'informaticien 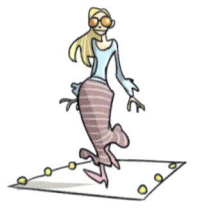 la mannequin  l'avocate

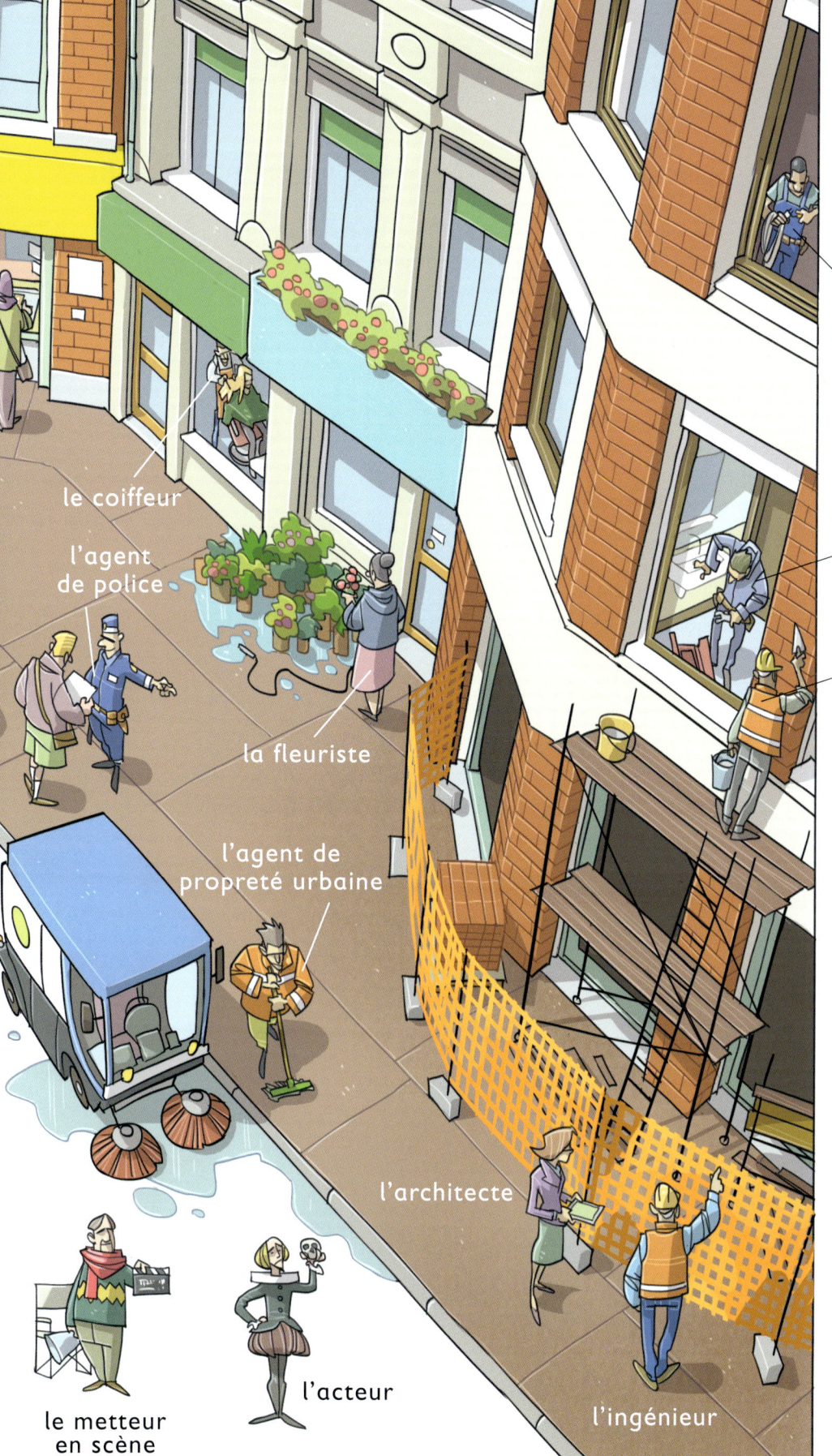

la babysitter

l'électricien

la danseuse

le coiffeur

l'agent de police

le plombier

le maçon

la fleuriste

l'ouvrier

l'agent de propreté urbaine

le peintre

l'architecte

le metteur en scène l'acteur l'ingénieur le menuisier

53

13 Les métiers et les professions

Un acteur exceptionnel 🔊 ▶

— Incroyable ! Vous êtes mon acteur préféré !
— Écoutez Madame, vous faites erreur ! Je ne suis pas acteur !

— Vous êtes vraiment fort ! Quelle chance de vous avoir rencontré !
— Non ! Je ne suis pas acteur ! J'ai fait beaucoup de choses, mais je n'ai jamais été acteur !

— Ah oui ?! Mais alors qu'est-ce que vous faites ?
— Un tas de choses… je suis maçon, plombier et peintre et, en cas de besoin, même électricien.

— Bravo ! Et vous avez appris ces nouveaux métiers en vue d'un nouveau film ?
— Je vous répète que je ne suis pas acteur ! J'ai travaillé comme conducteur d'autobus et…

— Oui ! Je m'en souviens ! Dans le film « Un bus pour le Paradis » !
— Écoutez, je vous ai dit que…

— Mais mon film préféré est « Pain amer », où vous jouez le rôle d'un boulanger !
— Je n'ai jamais été boulanger !

— Je sais ! Parce que le personnage était en fait un policier incognito.
— Écoutez… vous vous trompez !

— Vous n'avez jamais été policier ?
— Non ! J'ai été facteur, pompier et ouvrier. Mais policier… jamais !

— Et pourtant…
— J'ai aussi été fleuriste, mais…

— Oui ! Je m'en souviens aussi ! Dans le film où vous tombez amoureux d'une danseuse !
— Je vous répète que vous faites erreur !!! Ma femme est chauffeuse de taxi, pas danseuse ! Et moi, je ne suis pas acteur !

— D'accord, je vous crois ! Vous avez l'air d'en être sûr…
— Évidemment que j'en suis sûr !

— Veuillez pardonner mon insistance…
— Ne vous inquiétez pas, ce n'est pas grave.

— Mais je tiens tout de même à vous féliciter vous savez ?
— Et pourquoi donc ?

— Parce que vous avez presque réussi à me convaincre… vous êtes vraiment un acteur exceptionnel !

En plus…

Professionnels, artistes et artisans

l'agent immobilier  le scientifique  le peintre  le sculpteur

la couturière  le bibliothécaire  le juge  l'entrepreneur

la réceptionniste  l'interprète  l'esthéticienne  la styliste

Expressions idiomatiques

Avoir des mains en or
(Être très adroit)
Cet artisan réalise de très beaux objets, il a des mains en or.

Être du métier
(Être expert)
Laissez-moi faire, je m'y connais, je suis du métier !

Travailler d'arrache-pied
(Travailler dur)
Mon père travaille d'arrache-pied pour subvenir à nos besoins.

Avoir un poil dans la main
(Être paresseux)
Cet employé ne fait rien du matin au soir, il a un poil dans la main.

Détails

La couturière

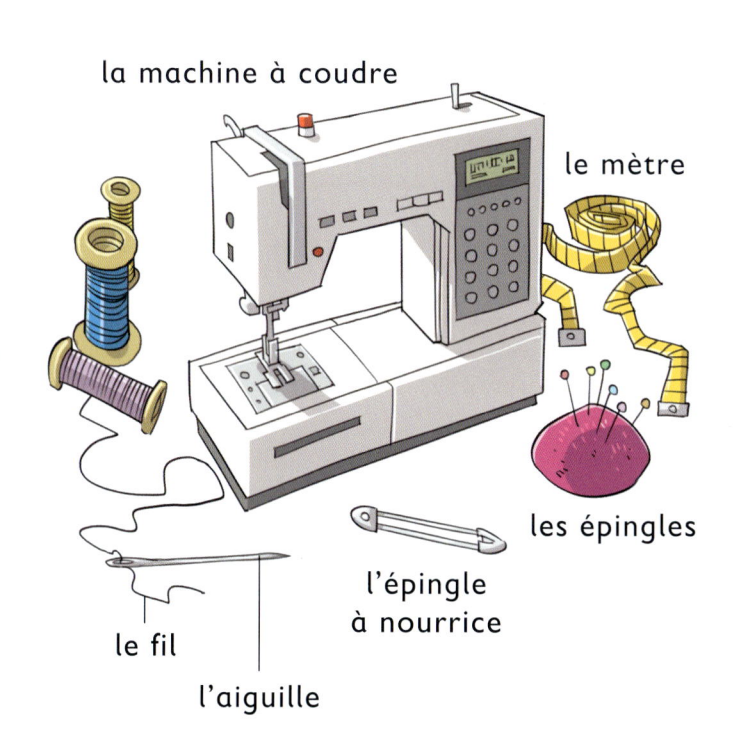

la machine à coudre
le mètre
les épingles
l'épingle à nourrice
l'aiguille
le fil

Activités numériques interactives

14 Le théâtre

l'affiche

l'entrée

le spectateur

le programme

l'ouvreuse

la lorgnette

le poulailler

le deuxième balcon

la loge

le premier balcon

le foyer

le vestiaire

la salle

le siège

la rangée

le couloir

le corps de ballet

la danseuse

le danseur

les chaussons de danse

l'actrice

l'acteur

56

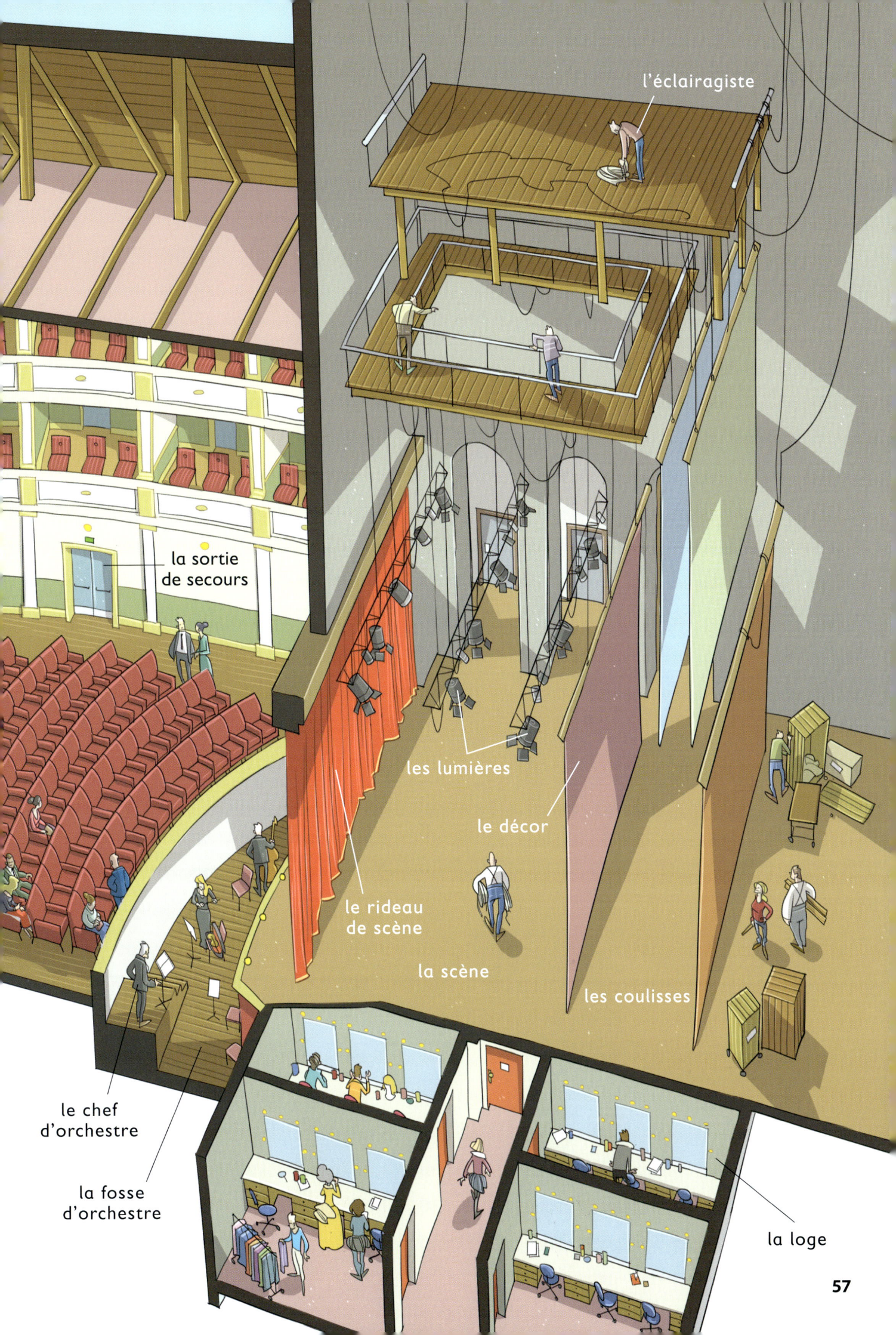

l'éclairagiste

la sortie de secours

les lumières

le décor

le rideau de scène

la scène

les coulisses

le chef d'orchestre

la fosse d'orchestre

la loge

57

14 Le théâtre

Que le spectacle commence !

— Vous avez besoin d'aide, Monsieur ?
— Oui merci, je ne comprends pas où je dois aller...

— Regardez, voilà la salle, quel est le numéro de votre siège ?
— À dire vrai, je...

— Ah, vous avez une place dans les loges ? Alors retournez dans le foyer, puis empruntez l'escalier.
— Mais non, moi...

— Vous devez accéder au poulailler ? Montez encore l'escalier : le poulailler est au-dessus des loges.
— Vous n'avez pas compris, je ne suis pas un spectateur !

— Ah non ?
— Non ! Je suis l'éclairagiste et je dois aller derrière les coulisses !

— Ah, j'ai compris ! L'entrée des coulisses est à côté de la fosse d'orchestre.
— Les acteurs sont-ils déjà arrivés ?

— Oui, ils sont dans leurs loges, ils sont en train d'enfiler leur costume.
— Très bien. Écoutez, pourriez-vous me prêter votre lorgnette ?

— Bien sûr, mais... qu'est-ce que vous devez en faire ?
— Malheureusement, je ne vois plus grand chose et je ne veux pas que cela se termine comme la dernière fois.

— Pourquoi ? Que s'est-il passé ?
— Je n'ai pas bien vu la scène et je suis tombé au milieu des musiciens !

— Quel désastre !
— Non ! Les spectateurs ont beaucoup ri... et j'ai dû faire le bis !

En plus…

Spectacles théâtraux et musicaux

la tragédie  — la comédie  — la comédie musicale  — le ballet

le défilé du carnaval  — le spectacle de fin d'année

le monologue  — le récital  — la danse contemporaine  — le mime

Expressions idiomatiques 🔊

Être aux premières loges
(Être à la meilleure place)
L'équipe de foot de ma ville est aux premières loges du tournoi.

Occuper le devant de la scène
(Être au premier plan)
Le réchauffement climatique occupe le devant de la scène internationale.

Le clou du spectacle
(Le moment le plus important)
Les spectateurs ont apprécié le chant du ténor, le clou du spectacle !

Avoir les doigts de pied en éventail
(Se reposer)
Alain n'a pas envie de travailler, aujourd'hui il a les doigts de pied en éventail.

Détails

Le carnaval vénitien

- la perruque
- le masque
- l'éventail
- le costume

▶ Activités numériques interactives

15 La musique

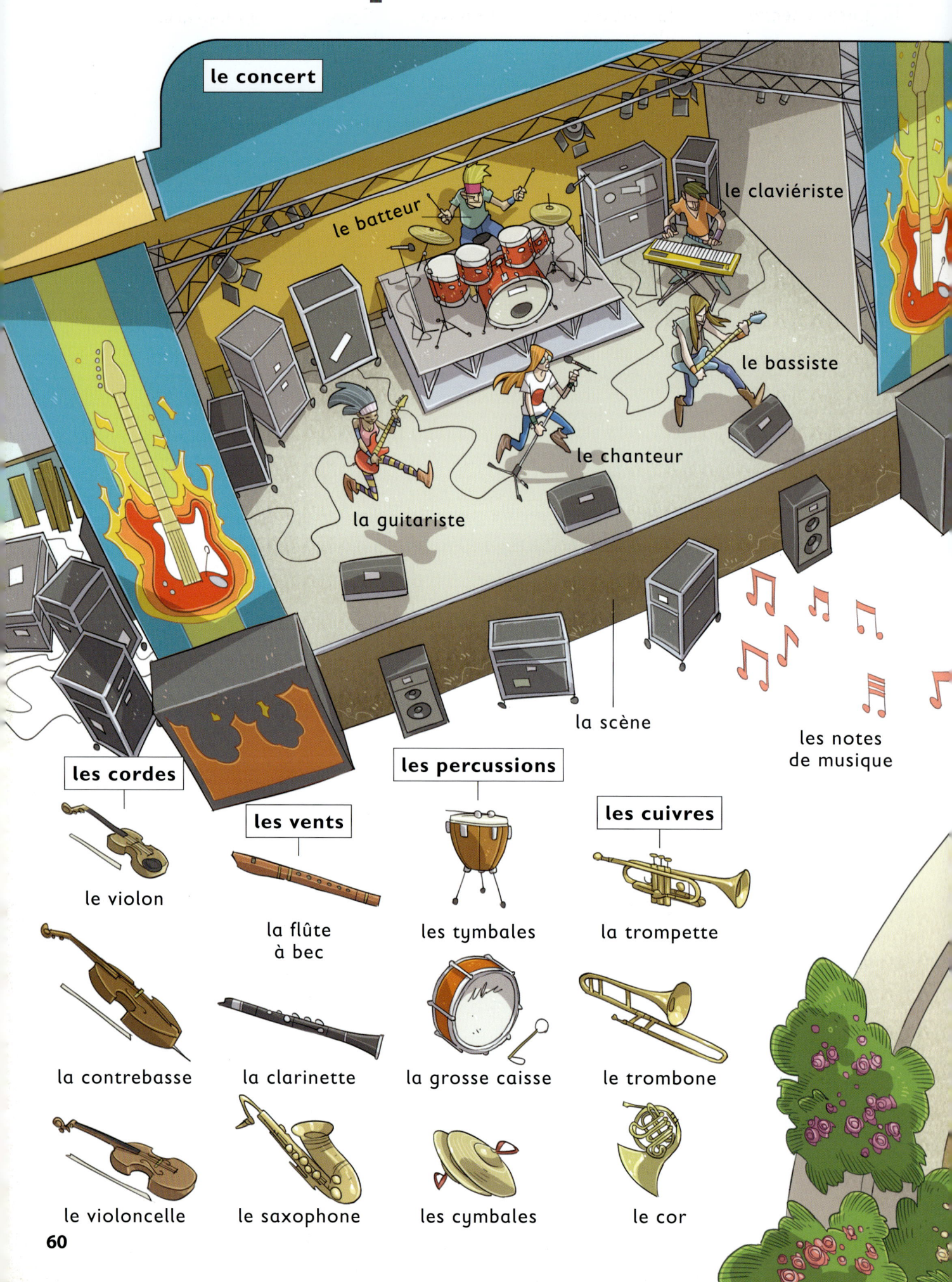

le concert

le batteur
le claviériste
le bassiste
le chanteur
la guitariste
la scène
les notes de musique

les cordes
le violon
la contrebasse
le violoncelle

les vents
la flûte à bec
la clarinette
le saxophone

les percussions
les tymbales
la grosse caisse
les cymbales

les cuivres
la trompette
le trombone
le cor

60

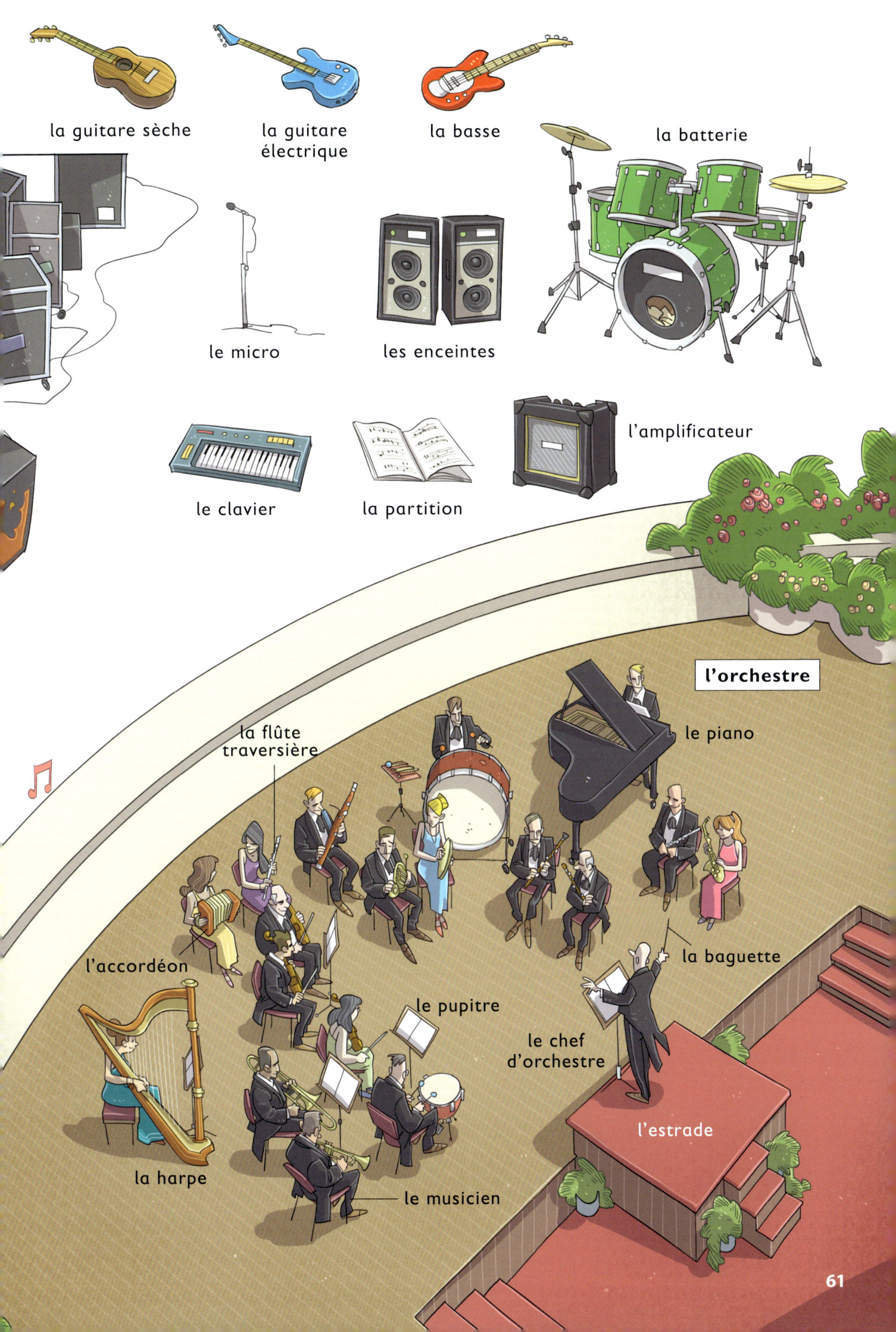

la guitare sèche
la guitare électrique
la basse
la batterie
le micro
les enceintes
le clavier
la partition
l'amplificateur

l'orchestre

la flûte traversière
le piano
l'accordéon
la baguette
le pupitre
le chef d'orchestre
l'estrade
la harpe
le musicien

61

15 La musique

Une nouvelle musique

— Salut Jean ! J'ai entendu dire que tu donnes un concert ce soir !
— Oui, mais j'ai changé de genre musical.

— Ah oui ? Tu as abandonné le rock ?
— Oui ! Le rock est une musique trop rythmée pour moi ! Avec la batterie qui fait tout ce boucan, la guitare basse à fond… les enceintes et les amplificateurs… J'étais toujours nerveux et je n'arrivais plus à dormir.

— Et maintenant, ça va mieux ?
— Oui, beaucoup mieux.

— Et tu fais quoi comme musique maintenant ?
— Je fais partie d'un orchestre… nous jouons de la musique classique !

— Ah ! C'est formidable la musique classique.
— Oui, c'est de la bonne musique ! Avec les instruments à cordes qui créent l'ambiance… je raffole du son des violons…

— C'est vrai… le son des violons est fascinant !
— Et puis j'adore la clarinette : les instruments à vent donnent de l'énergie !

— Cet orchestre a l'air grand !
— Oui, et il y a aussi des cuivres : des cors, des trompettes et des trombones.

— Allez, avoue que la batterie bruyante te manque !
— Ah ! Ah ! Pas du tout. Et de toute façon nous avons la grosse caisse… Boum ! Boum !

— Et cela ne te dérange pas ? Ce n'est pas comme la batterie ?
— Non, parce qu'on n'en joue pas beaucoup, ce n'est pas comme la batterie pour le rock.

— Je suis contente pour toi ! Au moins tu n'as plus de problèmes !
— À dire vrai, j'en ai encore.

— Qu'est-ce que tu entends par là ?
— La musique est si belle et si relaxante que je m'endors pendant les concerts !

— Et ensuite ?
— Ensuite, rien de particulier : je me réveille avec les applaudissements.

En plus...

Actions liées à la musique

chanter	jouer	danser	suivre le rythme
écouter	diriger	accorder	lire la partition
applaudir	allumer	présenter	saluer le public

Expressions idiomatiques 🔊

Être réglé comme du papier à musique
(Être très organisé)
Le concert s'est bien passé car tout était réglé comme du papier à musique.

Aller plus vite que la musique
(Faire les choses en toute hâte)
Maxime a demandé Caroline en mariage mais elle a refusé. Il est allé plus vite que la musique !

Accorder ses violons
(Se mettre d'accord)
Nathan veut aller à la montagne mais sa femme à la mer, il faut qu'ils accordent leurs violons !

Jouer des flûtes
(S'enfuir à toute vitesse)
Le voleur a été surpris par le propriétaire, il est sorti par la fenêtre et a joué des flûtes.

Détails

La guitare acoustique

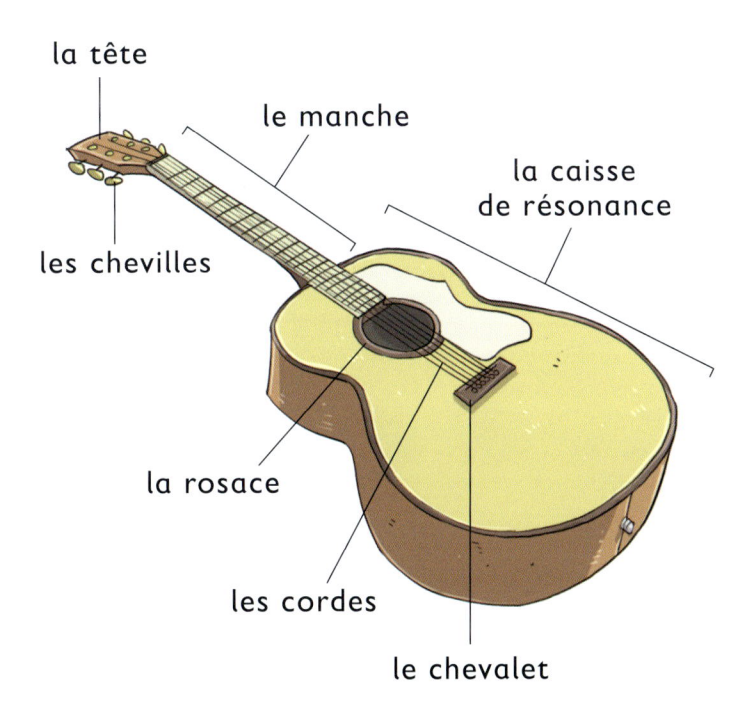

- la tête
- le manche
- la caisse de résonance
- les chevilles
- la rosace
- les cordes
- le chevalet

▶ Activités numériques interactives

16 Les loisirs

les cartes

le jeu de domino

le backgammon

le jeu de dames

le jeu de table

le dé   le pion

le puzzle

les échecs

le pion   la tour   le roi   la reine   le fou   le cheval

aller au théâtre

aller au stade

jouer d'un instrument

chanter

lire

danser

photographier

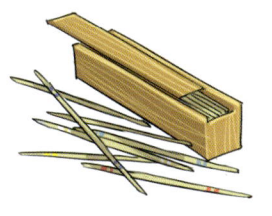

le mikado  · le sudoku  · le scrabble  · les mots croisés  · jouer aux jeux vidéo

collectionner des timbres

broder

tricoter

aller à la salle de sport

écouter de la musique

faire de la poterie

aller au cinéma

faire du modélisme

jouer aux cartes

voyager

jouer aux échecs

faire du jardinage

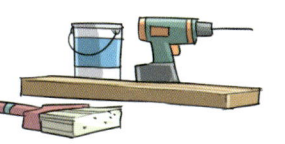

peindre

cuisiner

faire du bricolage

16 Les loisirs

Loisirs et divertissements

— Salut Axel ! Qu'est-ce que tu fais dans le coin ?
— Salut Charlotte ! Je vais au théâtre.

— Ah ! C'est chouette !
— Non, pas vraiment. Je n'en ai pas du tout envie ! Je préférerais rester chez moi et lire un livre ou jouer aux échecs ! À propos… quand est-ce qu'on fait une partie toi et moi ?

— Jamais ! Tu es un champion, moi je ne fais pas la différence entre un cheval et un fou !
— Ah ! Ah ! Tu as peur de perdre, c'est ça ?

— Évidemment ! Viens chez moi samedi soir ! J'ai de nouveaux jeux de table à te montrer et si nous faisons une partie, je gagnerai sûrement !
— N'en sois pas aussi sûre… Mais je viens volontiers, merci !

— Et le modélisme, ça marche ?
— Super bien ! J'ai presque fini mon avion ! Je dois seulement le peindre.

— Formidable ! Ce qui est sûr, c'est qu'il faut de la patience pour une activité comme le modélisme. Moi je préfère faire autre chose : aller danser, au cinéma ou au concert. Il y a tellement de choses à faire en ville !
— Mais… moi aussi j'aime beaucoup aller au cinéma.

— Mais tu viens juste de dire que tu n'aimes pas aller au théâtre… regarder un film c'est comme regarder une comédie sur scène non ?
— Ah non, pas du tout !

— Et pourquoi cela ?
— Parce que quand je vais au cinéma, je ne dois pas monter sur les planches comme au théâtre !

En plus...

Jouer aux cartes

| le carreau | le pique | le cœur | le trèfle |

| l'as | le joker | le roi | la dame |

| le valet | le jeu de cartes | mélanger les cartes | distribuer les cartes |

Expressions idiomatiques

Brouiller les cartes
(Créer la confusion)
La situation n'est pas nette parce qu'il a brouillé les cartes.

C'est un jeu d'enfant !
(C'est très facile)
Caroline sait très bien jouer aux échecs, pour elle c'est un jeu d'enfants !

Cacher son jeu
(Cacher son intention)
Antoine a tout fait pour obtenir une promotion sans attirer l'attention de ses collègues, il a bien caché son jeu.

Avoir un atout dans sa manche
(Avoir une bonne solution que personne ne connaît)
Il pense arriver avant moi, mais j'ai un atout dans ma manche : ma voiture est neuve et plus rapide !

Détails

Peindre

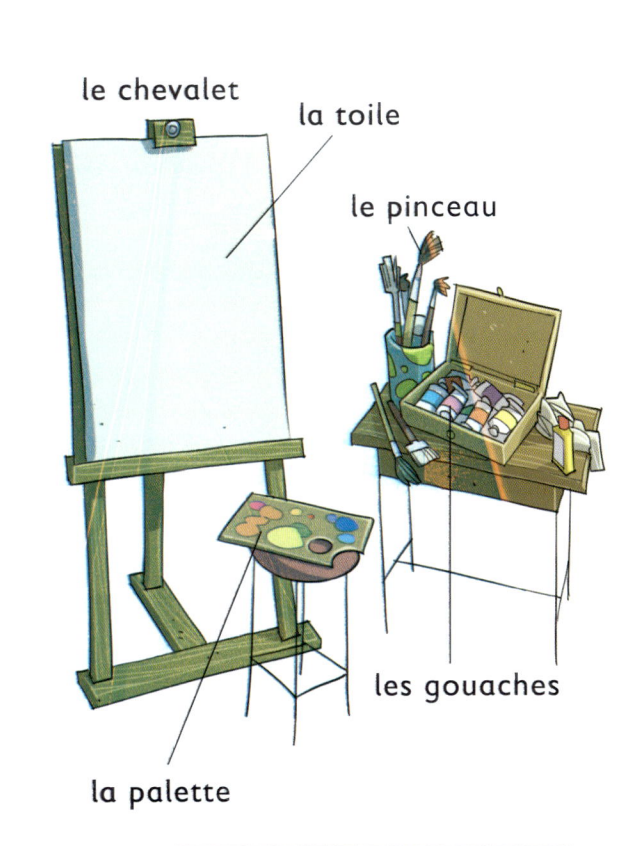

- le chevalet
- la toile
- le pinceau
- les gouaches
- la palette

Activités numériques interactives

17 À l'ordinateur

l'appareil photo
le calendrier
le scanner
le téléphone
le bureau
l'écran
le modem
la souris
le clavier
le portable
la tablette
l'ebook reader

le casque 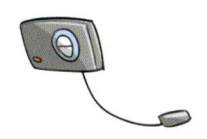 — l'oreillette  — le micro  — la webcam  — les enceintes

le tableau d'affichage
le ventilateur
la chaîne HiFi
la lampe de bureau
l'antenne
la radio
le jeu vidéo
l'imprimante

la clé USB
le cable électrique
le mobile
la carte SIM
le chargeur
le cédérom

le chat — les contacts — la connexion WiFi

le mail — l'app pour acheter en ligne — le réseau social — le texto — le navigateur

69

17 À l'ordinateur

Un message très important

— Salut André, qu'est-ce que tu fais de beau ?
— Je suis débordé Sylvie, excuse-moi… ! Je dois diffuser ce message le plus possible ! D'abord, sur les réseaux sociaux !

— Oui, bien sûr…
— Puis, avec ma webcam je vais faire une vidéo et la poster sur Internet !

— Excellent ! Comme cela, tout le monde va la voir !
— Je l'ai même postée sur mon blog et j'ai envoyé un mail à tous mes contacts !

— Tu m'épates ! Tu fais les choses comme il faut !
— Bien sûr ! J'ai même enregistré un message vocal et je l'ai envoyé à toutes les radios locales !

— Pas possible ?! Tu te donnes beaucoup de mal !
— Et j'ai envoyé des messages à tous les numéros que j'ai sur mon téléphone portable… et maintenant je suis en train de parler en chat.

— Cela doit être drôlement important pour toi…
— Absolument !

— Mais, de quoi s'agit-il ? D'une nouvelle importante ? D'un scandale politique ?
— Non, il s'agit de tout autre chose !

— Des services secrets internationaux peut-être ?
— Mais non ! Moi, je ne m'y connais pas !

— Alors dis-moi de quoi il s'agit !
— D'une histoire drôle, la plus amusante que j'ai jamais entendue !!!

En plus...

Actions à l'ordinateur

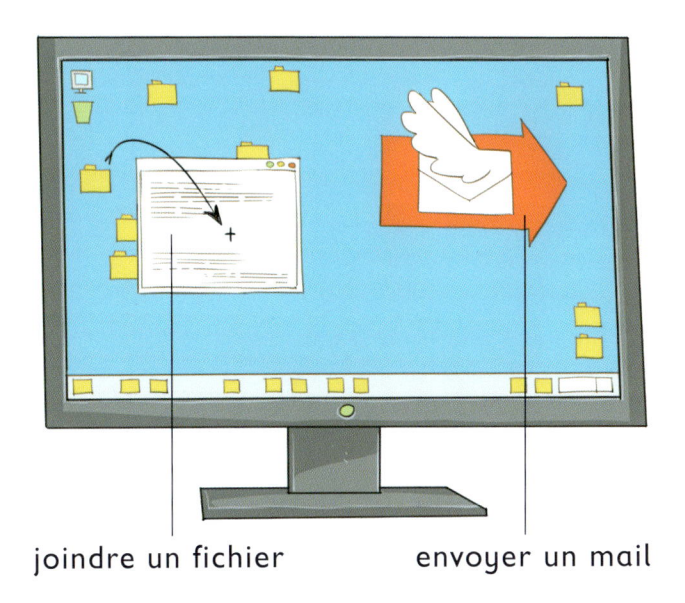

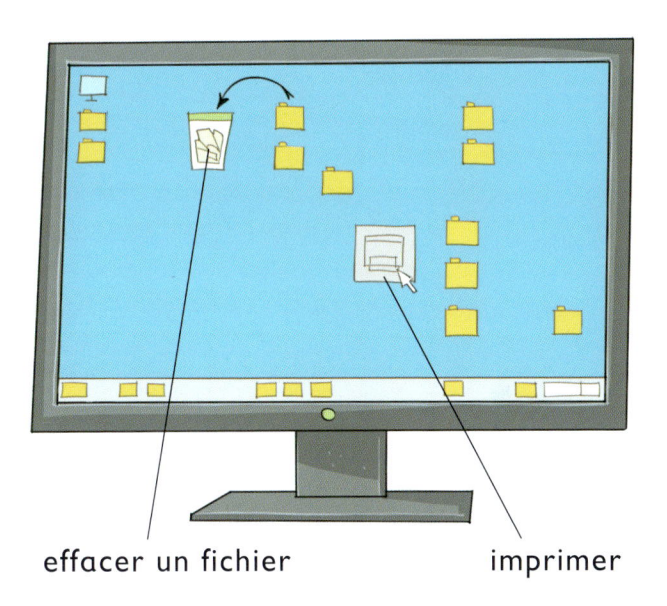

CTRL + X : couper

CTRL + C : copier

CTRL + V : coller

CTRL + S : sauvegarder

joindre un fichier

envoyer un mail

effacer un fichier

imprimer

Expressions idiomatiques

Monter en flèche
(Augmenter)
À cause de la crise, le prix du pétrole monte en flèche.

Être mis sur la touche
(Être mis à distance)
Il s'est mal comporté et Charlotte ne veut plus rien savoir de lui, elle l'a mis sur la touche.

Être bombardé de messages
(Recevoir une grande quantité de messages)
Le jour de son anniversaire, Léo a été bombardé de messages !

Copier-coller
(Copier un texte en ligne et le coller sur un fichier)
Ces élèves ne savent plus quoi écrire : ils ne font qu'un copier-coller !

Détails

Le clavier

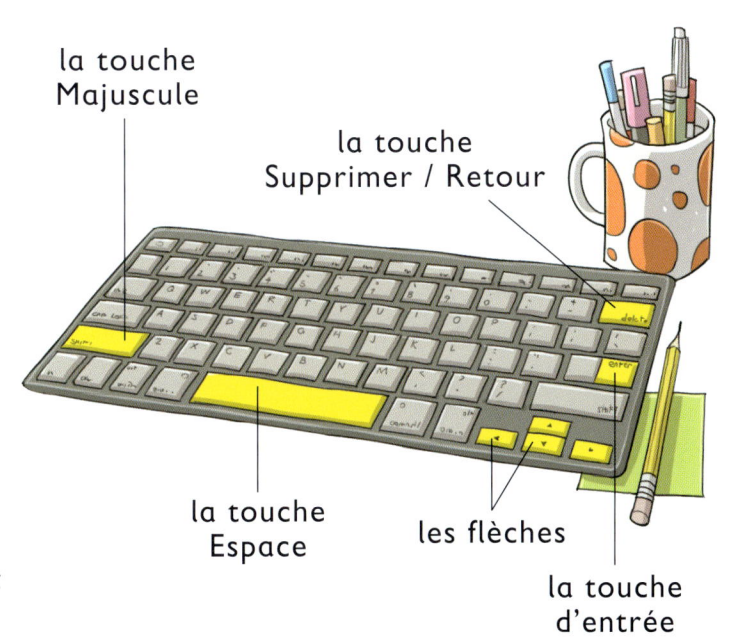

la touche Majuscule

la touche Supprimer / Retour

la touche Espace

les flèches

la touche d'entrée

▶ Activités numériques interactives

18 À la télévision

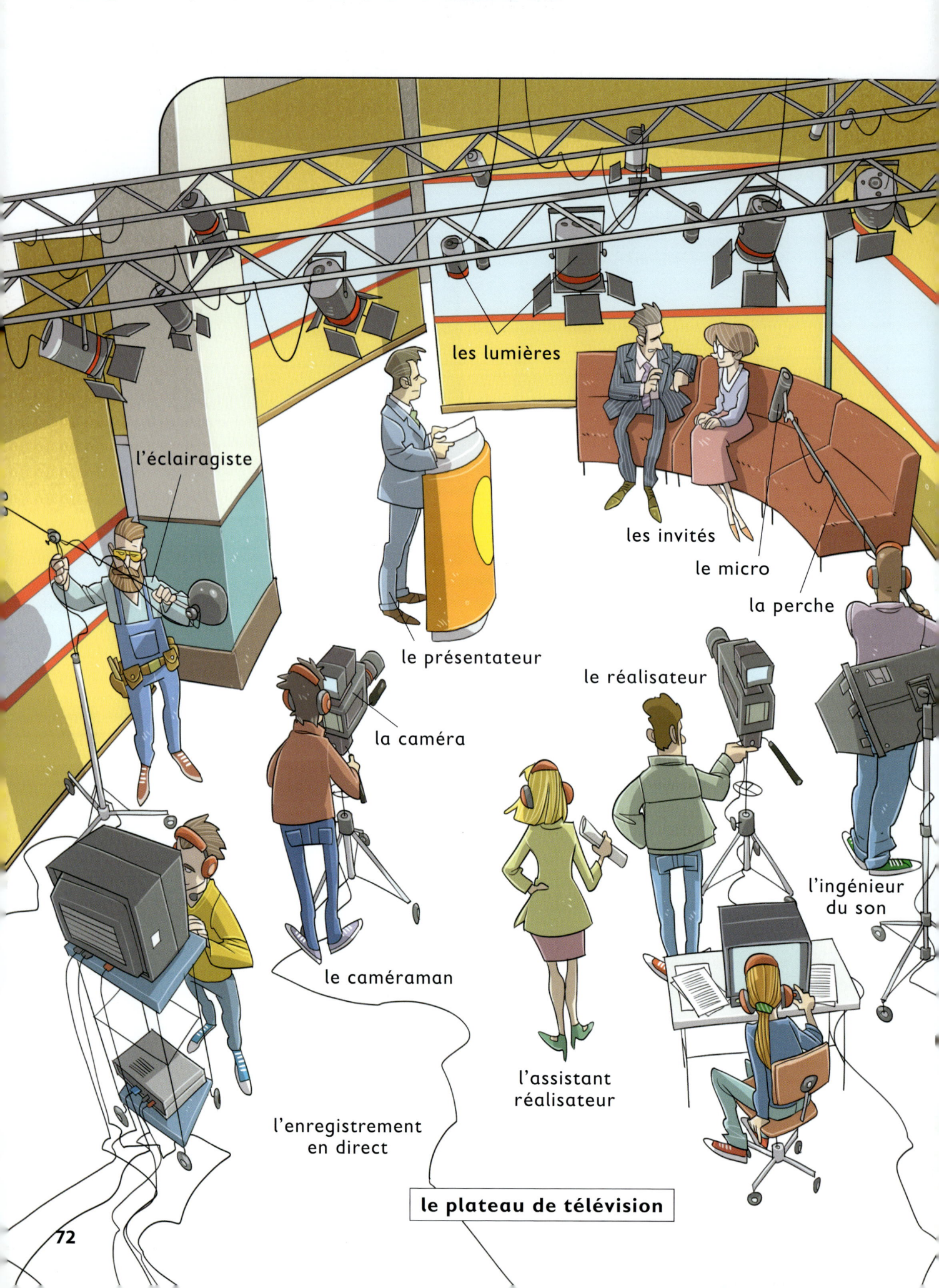

- l'éclairagiste
- les lumières
- les invités
- le micro
- la perche
- le présentateur
- le réalisateur
- la caméra
- le caméraman
- l'ingénieur du son
- l'assistant réalisateur
- l'enregistrement en direct
- le plateau de télévision

les programmes télévisés

- les dessins animés
- le talk show
- l'émission de cuisine
- le documentaire
- le journal télévisé
- la météo
- le sport
- le télé-crochet
- la télé-réalité
- le film policier
- le film d'aventure
- le film comique
- le film romantique
- les prévisions de circulation
- la publicité
- le film de science-fiction
- le jeu télévisé
- l'émission musicale

la régie

- le téléspectateur
- la télécommande
- le téléviseur

73

18 À la télévision

Félicitations pour la belle émission 🔊 ▶

— Bonjour, me voilà !
— Vous voilà finalement ! Nous vous attendons depuis une demi-heure !

— Veuillez m'excuser, mais on vient juste de me le dire !
— Écoutez, vous connaissez bien notre émission ?

— Bien sûr… Je la regarde tous les jours ! C'est mon émission préférée !
— Merci ! Donc vous savez déjà de quoi il s'agit.

— Évidemment ! J'adore les jeux télévisés !
— Mais ce n'est pas un jeu télévisé !

— Vous avez raison, c'est une télé-réalité culinaire.
— Mais non !

— Ah bon ?!
— Il ne s'agit pas d'une télé-réalité mais d'un télé-crochet qui permet la découverte de nouveaux talents de la chanson.

— Ah c'est un programme musical ! Je ne savais pas…
— Êtes-vous sûr de la connaître cette émission ?

— Je vous ai dit que oui : je la regarde tous les jours, après le journal télévisé.
— Mais avant notre programme, on transmet des dessins animés. Et après, il y a la météo.

— D'accord. Peu importe ! Mais où dois-je aller maintenant ?
— À la caméra : le programme va commencer.

— La caméra…
— Celle qui est là-bas, la numéro 2.

— Mais elles se ressemblent toutes !
— Écoutez, vous n'avez pas l'air d'être un caméraman ?! Vous ne vous y connaissez pas !

— Moi ? Caméraman !? Je suis le garçon du café d'en face ! On m'a appelé parce que je dois faire du café à « Tous à la cuisine », mon émission préférée !

En plus...

Devant la télévision

s'amuser

s'ennuyer

avoir peur

suivre avec intérêt

rire

pleurer

s'endormir

rêver

enregistrer

faire du zapping

Expressions idiomatiques

Hors programme
(Quelque chose qui n'est pas prévu)
À la fin du spectacle, il y a eu un hors programme que les spectateurs ont beaucoup apprécié.

Une émission culte
(Une émission célèbre)
Il n'y a pas si longtemps, « Qui veut gagner des millions » était une émission culte.

Porter une œuvre à l'écran
(Adapter un roman pour le cinéma)
Le cinéaste qui a porté « Les Misérables » à l'écran a remporté un énorme succès.

Crever l'écran
(Quand un acteur de cinéma incarne un personnage avec talent)
Dans la peau d'Édith Piaf, Marion Cotillard a crevé l'écran.

Détails

La télécommande

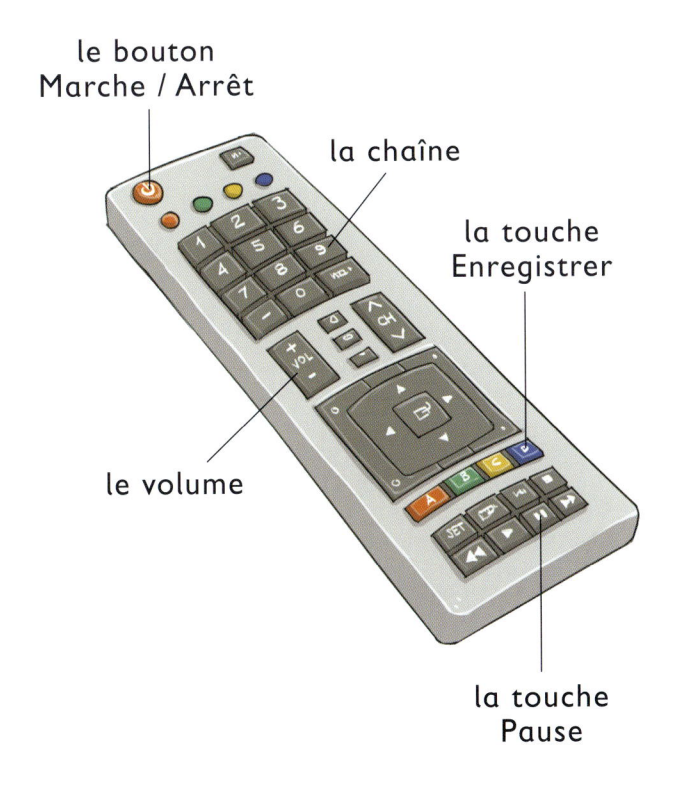

le bouton Marche / Arrêt

la chaîne

la touche Enregistrer

le volume

la touche Pause

Activités numériques interactives   **75**

19 Faire des achats

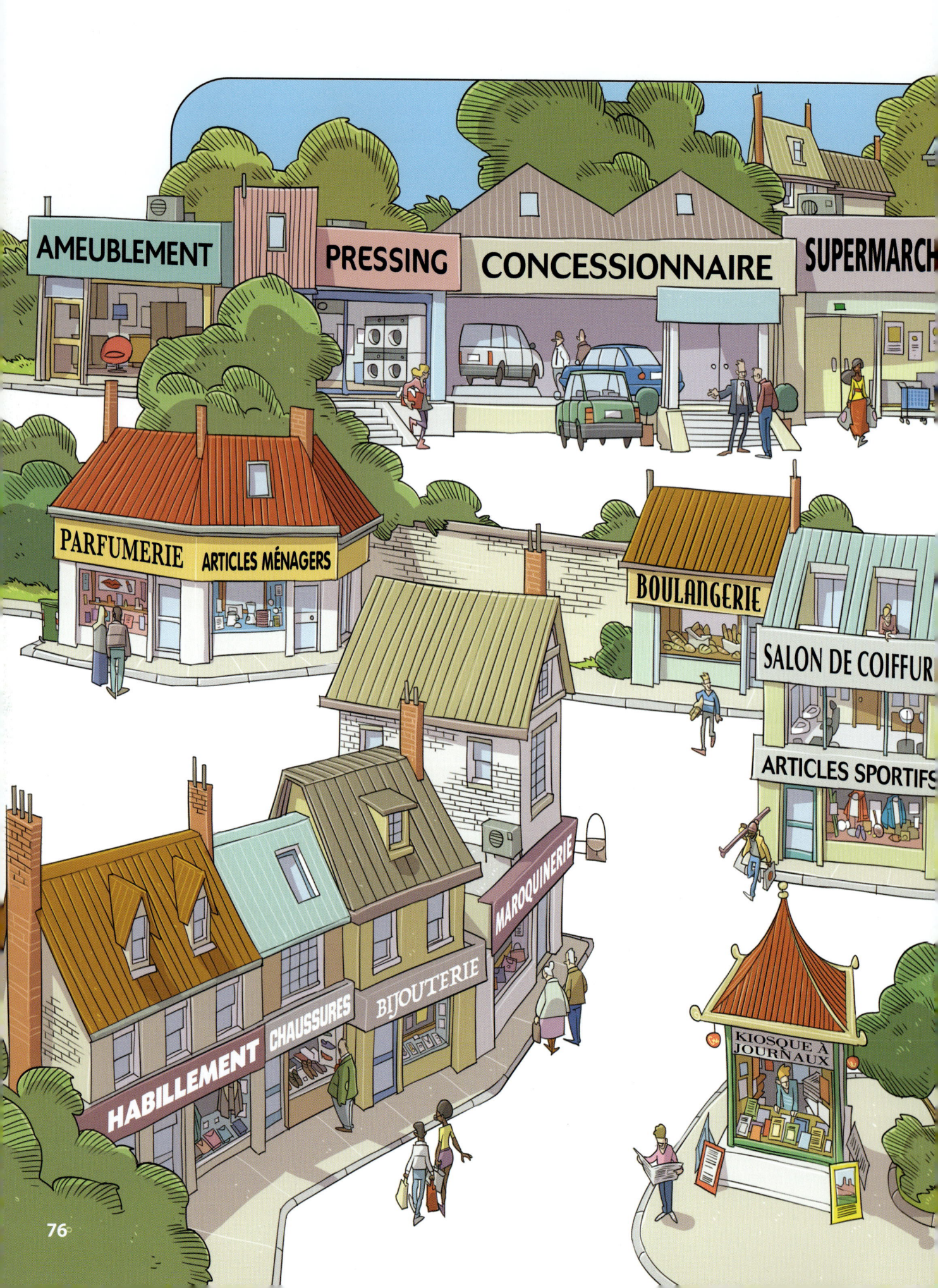

le vendeur la caissière le ticket de caisse

PAPETERIE LIBRAIRIE LINGERIE

PHARMACIE PÂTISSERIE

ÉLECTROMÉNAGERS

JOUETS

ANIMALERIE OPTICIEN

TÉLÉPHONIE et ORDINATEUR GUICHET AUTOMATIQUE

FLEURISTE

l'argent

le billet de banque la pièce de monnaie la carte de crédit

77

19 Faire des achats

Un cadeau pour Charlotte

– Hum... nous allons avoir du mal à trouver un cadeau pour Charlotte !
– Oui, elle a des goûts particuliers... et nous n'avons pas beaucoup d'imagination.

– Et si on allait chez le fleuriste ? Un beau bouquet de roses résoudrait le problème !
– Des fleurs ? Je trouve ça banal. Il vaut mieux passer à la pâtisserie et prendre un gâteau.

– Non, Charlotte est au régime... ce n'est vraiment pas le cas !
– Nous allons peut-être trouver quelque chose à la librairie.

– Oui, c'est un beau livre qu'il nous faut... mais quel genre aime-t-elle ? Les romans ? Les livres de cuisine ?
– Je n'en sais rien. Et si nous lui offrions un bracelet ? Il y a une bijouterie au bout de la rue.

– Trop cher ! Mais juste à côté, il y a un magasin d'électroménagers, on pourrait lui acheter un mixeur.
– On n'offre pas d'électroménagers à une femme... ça ne se fait pas !

– Une robe c'est mieux ? Il y a une boutique pas loin d'ici.
– Mais nous ne connaissons pas la taille de Charlotte.

– D'accord, alors offrons-lui un sac.
– Oui, un sac ça pourrait aller. Quel type de sac ?

– Entrons dans une maroquinerie et demandons au vendeur de nous conseiller.
– Parfait, excellente idée !

– Espérons que ça lui plaise !
– Mais est-ce qu'on peut passer à la pharmacie avant ?

– Pourquoi ? Qu'est-ce que tu as ? Tu te sens mal ?
– J'ai besoin d'un tranquillisant : choisir un cadeau c'est tellement stressant... La prochaine fois, nous achèterons quelque chose en ligne !

En plus…

Acheter et vendre

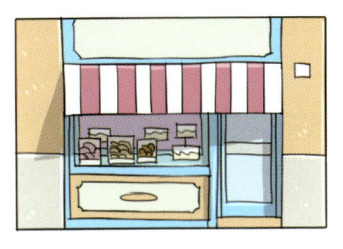

| le magasin | le commerçant | la cabine d'essayage | le mannequin |

| la caisse enregistreuse | la corbeille | le chariot | le code-barre |

| le prix | la réduction | l'étagère | le sac à provisions |

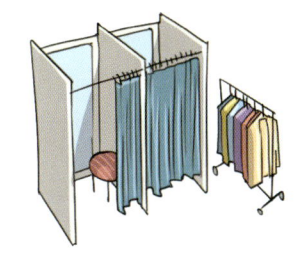

Expressions idiomatiques

Ne pas être aux pièces
(Ne pas être pressé)
Aujourd'hui Charlotte prend son temps, elle n'est pas aux pièces.

Rendre la monnaie de sa pièce
(Se venger)
Franck ne m'a plus invité chez lui, mais je lui rendrai la monnaie de sa pièce. Je ne l'inviterai pas à ma fête !

Écraser les prix
(Faire baisser les prix)
Le supermarché du coin écrase les prix ! Je dois en profiter !

Être logé à la même enseigne
(Avoir les mêmes conditions de vie ou de travail que les autres)
Lucie travaille plus que moi mais pour ce qui est du salaire, elle est logée à la même enseigne !

Détails

Le magasin

l'enseigne — le store banne — l'entrée — la vitrine

Activités numériques interactives

20 Le magasin de vêtements

- les chaussures de marche
- les bottes
- les bottes en caoutchouc
- les chaussures à lacets
- les chaussures à talons
- les sandales
- les tongs
- les baskets

- le turban
- l'hijab
- la chemisette
- la jupe
- les gants
- le jilbab
- le tailleur
- le caftan
- l'imperméable
- le parapluie
- la ceinture
- le sac à main
- le portefeuille
- l'écharpe

80

- la culotte
- le maillot de corps
- le soutien-gorge
- le collant
- les chaussettes
- le chapeau
- la casquette
- le pull
- la robe
- le maillot de bain (une pièce)
- le béret basque
- le boxer de bain
- la doudoune
- l'anorak
- le cardigan
- le sweat-shirt
- le jean
- les bretelles
- la chemise
- la mallette
- le sari
- le costume
- le manteau
- le short
- le t-shirt
- le gilet
- le pantalon
- la cravate
- la veste

20 Le magasin de vêtements

Je voudrais un imperméable

— Bonjour Madame. Puis-je vous aider ?
— Bonjour. Est-ce que vous avez des imperméables ? Je voudrais en acheter un.

— Bien sûr ! Voulez-vous aussi des bottes ? Nous en avons en caoutchouc, et plusieurs couleurs sont disponibles !
— Non, merci. Il ne me faut qu'un imperméable.

— Si vous voulez, nous avons des chaussures en soldes… à talons ou plates. Qu'est-ce que vous préférez ?
— Merci, mais je ne veux pas acheter de chaussures.

— Je comprends… mais nous avons des chemisettes à la mode… cela vous dit d'en essayer une ?
— Non, merci… cela ne m'intéresse pas pour le moment. Il me faut un imperméable !

— L'hiver approche, que pensez-vous d'un beau manteau ? Le bleu marine irait très bien avec ce tailleur bleu ciel.
— Non, merci. Je ne porte ni tailleurs ni manteaux.

— Un anorak alors ?
— Non.

— Une doudoune ?
— Non.

— Un pull ? Un sweat à capuche ?
— S'il vous plaît ! Je voudrais seulement jeter un coup d'œil aux imperméables !

— D'accord, mais vous savez… nos imperméables ont eu beaucoup de succès…
— Et alors ?

— Et alors il n'y en a plus !
— Ah !

— Par contre nous avons de très belles vestes, des jupes…

En plus…

Parties du vêtement et accessoires

| le col | 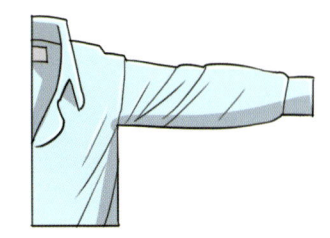 la manche |  le bouton | 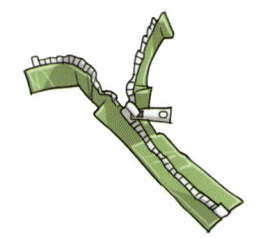 la fermeture Éclair |

| la poche |  les lunettes de vue |  les lunettes de soleil |  les boucles d'oreilles |

| le collier |  la bague |  la montre |  le bracelet |

Expressions idiomatiques

C'est une autre paire de manches
(C'est une toute autre affaire)
Aller à Paris en TGV c'est pratique et rapide, y aller en voiture, c'est une autre paire de manches !

Changer d'avis comme de chemise
(Changer d'avis facilement)
Aller en vacances à la mer ou à la montagne ? Mes parents changent d'avis comme de chemise.

C'est dans la poche !
(C'est gagné d'avance)
C'est la période des examens du baccalauréat mais je ne m'inquiète pas, c'est dans la poche !

Avoir les jambes en coton
(Ne plus avoir de force dans les jambes)
Cet enfant tombe tout le temps, il a les jambes en coton.

Détails

Les tissus

| la laine | la soie |

| le coton |  le synthétique |

▶ Activités numériques interactives   83

21 Chez le primeur

le pamplemousse

la mandarine

le citron

l'orange

la myrtille

la framboise

la mûre

la cerise

la papaye

l'ananas

le melon

la pastèque

le raisin

l'avocat

le kiwi

la banane

la pêche

l'abricot

la figue

la poire

la pomme

la prune

la fraise

la noix de coco

la noix  — la noisette  — l'amande  — la pistache  — la cacahuète

le chou — le chou-fleur

la citrouille — la carotte

le brocoli — l'oignon

les choux de Bruxelles — le cornichon

la courgette — l'aubergine

le poivron — la pomme de terre — le champignon

les petits pois — le céleri — la laitue — l'asperge  — l'ail

la tomate  — les haricots verts  — les épinards  — l'artichaut  — le fenouil

85

21 Chez le primeur

Des légumes frais

— Bonjour Madame, qu'est-ce que vous désirez ?
— Bonjour, je voudrais des épinards.

— Malheureusement je n'ai plus d'épinards.
— C'est dommage… vous avez des brocolis, alors ?

— Oui, les voici. Si vous voulez, j'ai aussi des courgettes bien fraîches…
— Des courgettes, ça ira.

— Je vous en mets un kilo ?
— Non, un demi-kilo, merci ! Et un peu d'épinards.

— Comme je vous le disais, il n'y en a plus.
— Ah… alors je vais prendre des haricots verts et un peu de fruits : des pêches, des abricots et des pommes.

— C'est parfait… deux kilos ?
— Non, un kilo. Et un peu d'épinards !

— Écoutez Madame… il n'y a plus d'épinards… il vous faut autre chose ?
— Si je prends ces artichauts, comment dois-je les cuisiner ?

— À la poêle, avec un peu d'huile et de l'ail… ils sont excellents !
— Oui, mais je ne raffole pas des artichauts…

— Ah… alors… vous voulez des concombres ?
— Non… donnez-moi un peu d'épinards.

— Je n'en ai plus, Madame ! Je n'ai plus d'épinards ! Vous désirez autre chose ?
— Oui, du céleri… ou peut-être un fenouil ? Qu'est-ce que vous me conseillez ?

— Je n'en sais rien… qu'est-ce que vous devez en faire ?
— Une salade !

— Alors vous pouvez prendre les deux. Vous en voulez combien ?
— Une demi-branche de céleri et un demi-fenouil.

— Désolé Madame, je ne peux pas les couper en deux !
— Non ?! Alors je n'en prends pas… par contre je vais prendre des épinards ! Donnez-m'en un beau sachet !

— Oh, c'est incroyable !

En plus…

Dans les fruits et légumes

la feuille	le trognon	le quartier	la peau de banane
le pépin	le noyau	le grain de raisin	le pédoncule
la gousse	le bourgeon	le jus	la coquille

Expressions idiomatiques

Raconter des salades
(Dire des mensonges)
Michel n'a pas fait ses devoirs et pour se justifier, il a raconté des salades au prof !

Avoir la pêche
(Être en pleine forme)
Depuis que je fais du sport, j'ai la pêche !

Avoir la banane
(Être souriant)
On voit bien que Cécile est heureuse, elle a toujours la banane !

Appuyer sur le champignon
(Accélérer)
Les pilotes de Formule 1 doivent appuyer sur le champignon pour gagner la course.

Détails

Les instruments du primeur

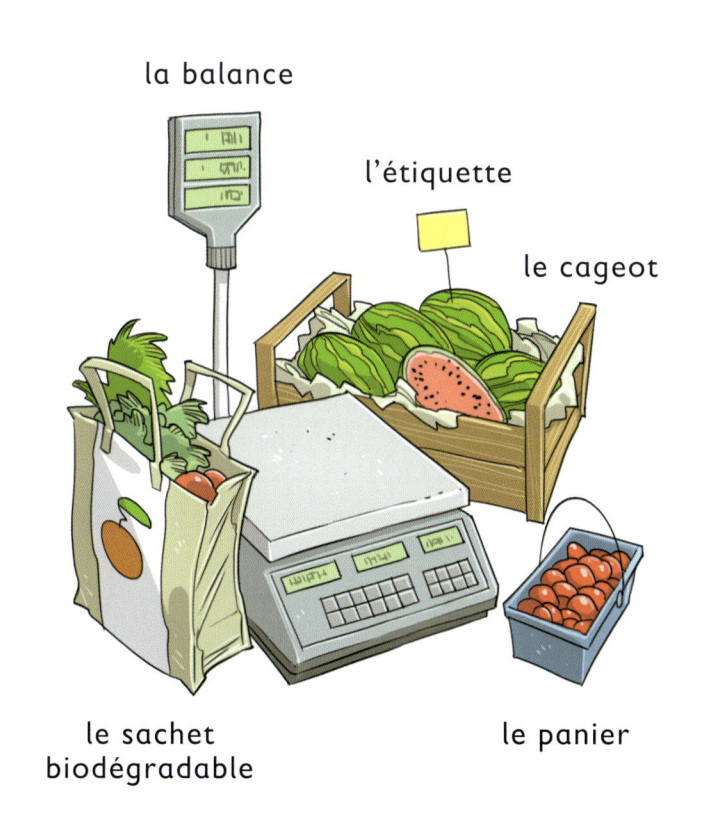

- la balance
- l'étiquette
- le cageot
- le sachet biodégradable
- le panier

22 Les moyens de transport

le tram

le poids lourd

le canoë

le camion

la moto

le camping-car

le scooter

le coffre

l'autobus

le fourgon

le taxi

le car

le garagiste

la fenêtre

la portière   le volant

la voiture

le pneu   le pare-chocs

la plaque d'immatriculation

le porte-bagages   le triangle

l'essuie-glace

le moteur   la ceinture de sécurité   le siège   le phare   le clignotant   le levier de vitesse

88

le cargo

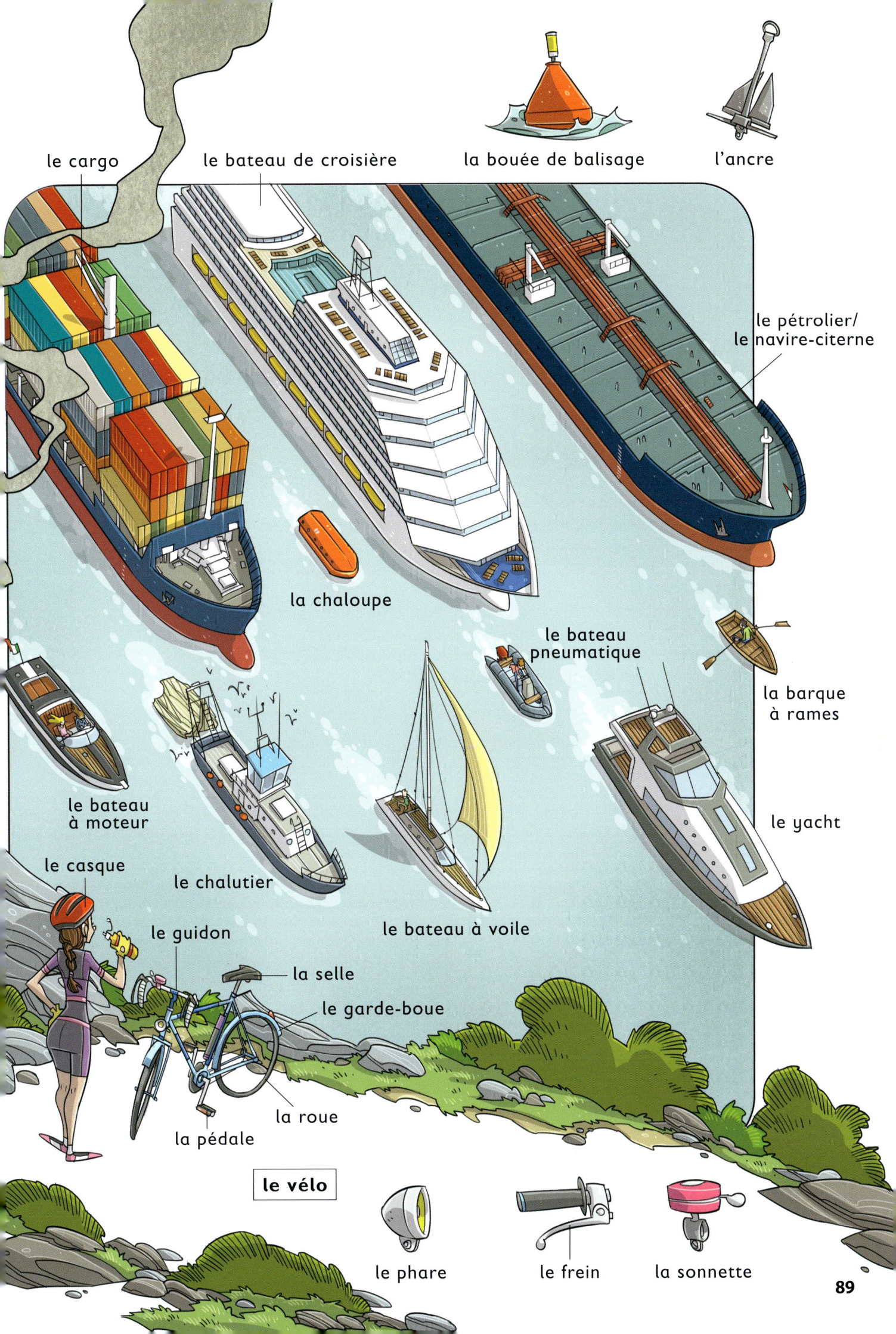

le bateau de croisière

la bouée de balisage

l'ancre

le pétrolier/
le navire-citerne

la chaloupe

le bateau
pneumatique

la barque
à rames

le bateau
à moteur

le yacht

le casque

le chalutier

le guidon

le bateau à voile

la selle

le garde-boue

la roue

la pédale

le vélo

le phare

le frein

la sonnette

89

22 Les moyens de transport

Comment arriver dans le centre-ville ?

— Tout va bien, Madame ? Je vois que vous avez mis votre triangle... puis-je vous aider ?
— Ma voiture est en panne ! Quel ennui !

— Quel est le problème ?
— J'ai crevé et j'ai rendez-vous dans le centre-ville ! Est-ce que vous sauriez monter une roue de secours ?

— Non, Madame, je suis désolé !
— Alors, pourriez-vous me dire comment aller dans le centre-ville ?

— Dans le centre ? Il y a plusieurs façons... en camion ou à bord d'un poids lourd... ou alors en camping-car.
— À dire vrai... je dois simplement aller dans le centre-ville !

— J'ai compris ! Si vous voulez, vous pouvez vous y rendre en bateau à voile.
— En bateau à voile ?! Dans le centre-ville ?! Et pourquoi pas en hors-bord ? Ou à bord d'un pétrolier ?

— Excellente idée !
— Vous vous moquez de moi ?! Je vous ai dit que je veux aller dans le centre !

— Ah... dans le centre ! Alors vous pouvez y aller en moto !
— Et où est-ce que je vais dénicher une moto moi ?!

— Alors en scooter !
— Mais qu'est-ce que vous racontez ?! N'y aurait-il pas un tram ou un autobus qui passe par ici en direction du centre ?

— Bien sûr ! Si vous voulez, vous pouvez prendre un tram... ou alors un taxi pour aller dans le centre.
— Il était temps ! Et vous ne pouviez pas le dire tout de suite ?

— Et vous, vous ne pouviez pas le demander tout de suite ?
— Laissons tomber... où est l'arrêt du tram ?

— Oh, c'est facile !
Prenez un yacht et...
— Laissez tomber !
J'y vais à pied !

90

En plus...

Panneaux routiers

accès interdit	 interdiction de stationner	 interdiction de tourner à droite	 obligation de tourner à droite
limite de vitesse	 cédez le passage	Stop	 passage pour piétons
 piste cyclable	 travaux en cours	 sens unique	Parking

Expressions idiomatiques 🔊

Aller bon train
(Avancer à une vitesse régulière mais suffisante)
Sur l'autoroute il y avait pas mal de circulation, mais Albert allait bon train.

Avoir un petit vélo dans la tête
(Être un peu fou)
Mon meilleur ami et moi faisons des folies, nous avons tous les deux un petit vélo dans la tête !

Mener quelqu'un en bateau
(Tromper quelqu'un, lui faire croire n'importe quoi)
Martine a fait croire à son prof qu'elle n'a pas révisé parce qu'elle a été malade, elle l'a mené en bateau.

Perdre les pédales
(Perdre le fil de son raisonnement)
Qu'est-ce que j'étais en train de dire ? Zut, je ne m'en souviens plus, j'ai perdu les pédales.

Détails

Le bateau de croisière

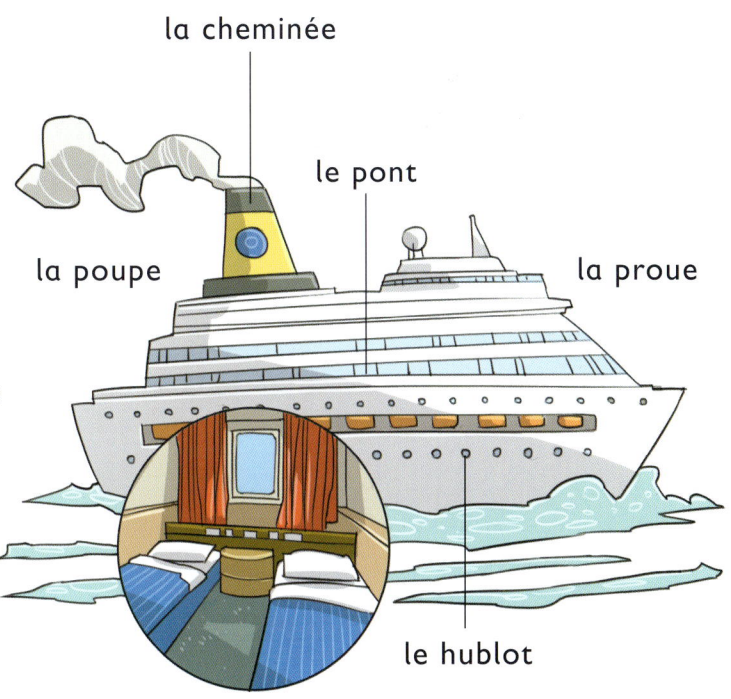

- la cheminée
- le pont
- la poupe
- la proue
- le hublot
- la cabine

▶ Activités numériques interactives

23 À la gare

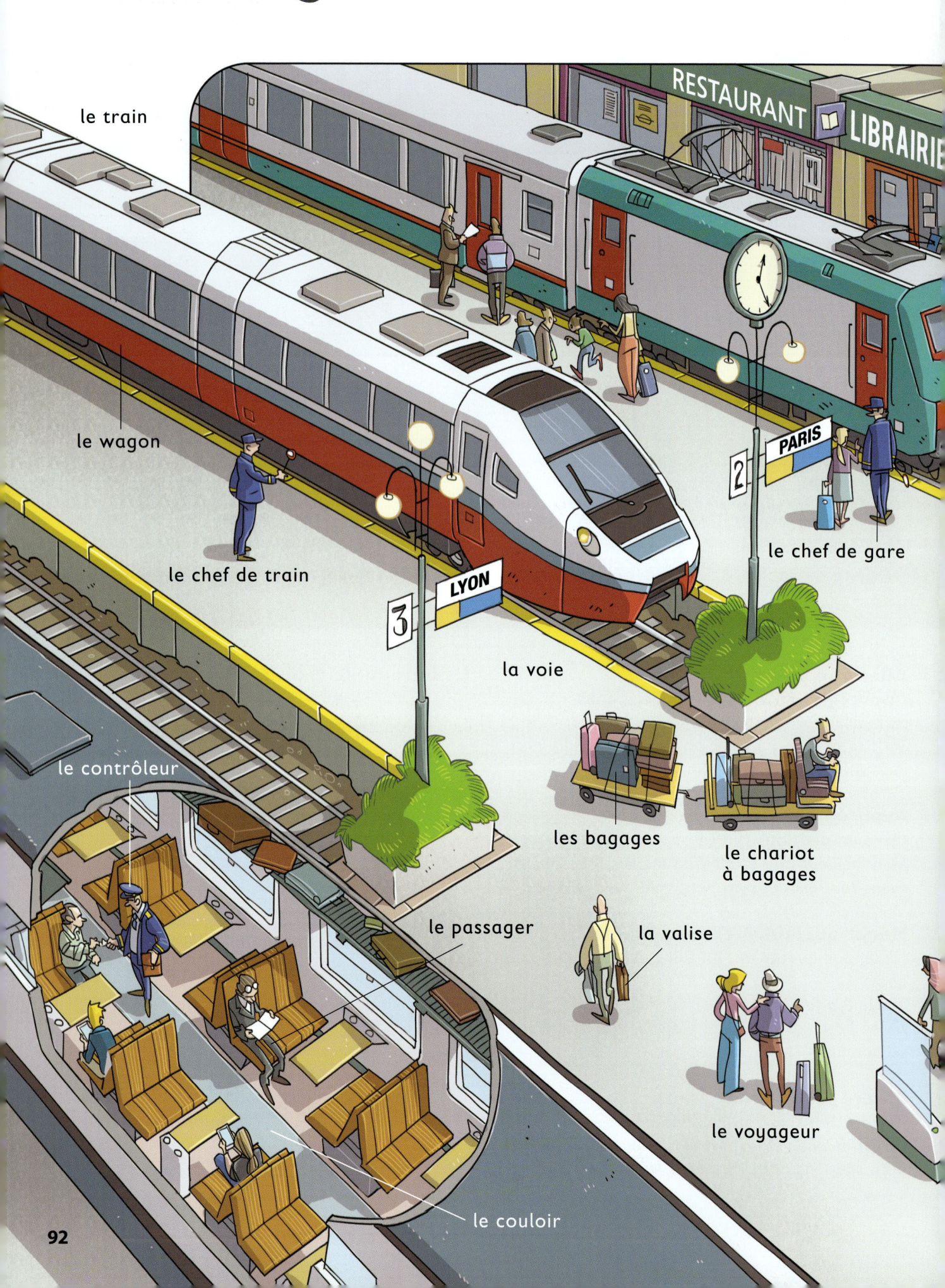

- le train
- le wagon
- le chef de train
- le contrôleur
- le passager
- le couloir
- la voie
- les bagages
- le chariot à bagages
- la valise
- le chef de gare
- le voyageur

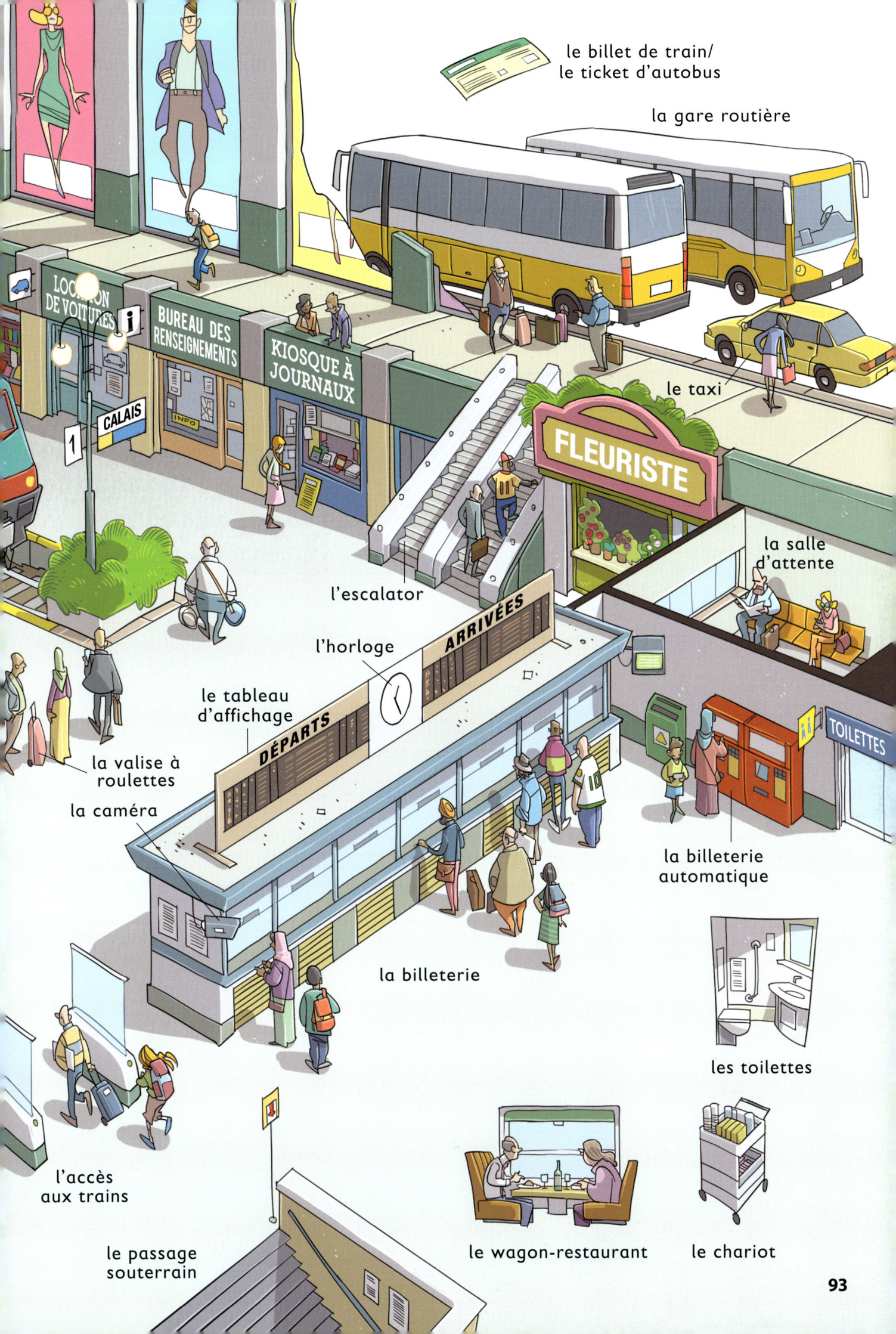

- le billet de train/ le ticket d'autobus
- la gare routière
- le taxi
- la salle d'attente
- l'escalator
- l'horloge
- le tableau d'affichage
- la valise à roulettes
- la caméra
- la billeterie automatique
- les toilettes
- la billeterie
- l'accès aux trains
- le passage souterrain
- le wagon-restaurant
- le chariot

23 À la gare

Vos billets, s'il vous plaît !

— Bonjour, Madame ! Votre billet, s'il vous plaît !
— Excusez-moi Monsieur le contrôleur, quand arrivons-nous dans la prochaine gare ?

— Dans environ dix minutes, nous sommes presque arrivés. Madame, excusez-moi mais votre portable sonne ?
— Oui... je répondrai après. Écoutez, où puis-je trouver un chariot à bagages une fois arrivée en gare ? Ma valise est lourde et je dois prendre la correspondance pour Lyon.

— Au bout du quai. Madame, votre portable s'il vous plaît ! Vous dérangez les autres passagers.
— Mais est-ce que le train en correspondance pour Lyon dispose d'un wagon-restaurant ?

— Oui, en tête de train.
— Je n'ai pas eu le temps d'acheter mon billet pour Lyon, où se trouve le guichet ?

— Vous devez quitter la voie 2, longer le passage souterrain puis monter l'escalator. Madame, votre portable... !
— Et sauriez-vous me dire à quelle heure je pourrais partir pour arriver chez moi dans l'après-midi ?

— Vers quelle heure ?
— Je ne sais pas encore, en fait... je consulterai le tableau d'affichage.

— Il est à côté de la salle d'attente. Madame, s'il vous plaît, pourriez-vous baisser le volume de votre portable ? Vous dérangez les autres passagers !
— Oh, oui excusez-moi ! Voilà... de toute façon j'irai tout droit au guichet : cette fois je veux réserver une place côté couloir, et non pas côté fenêtre !

— Comme vous voulez... mais montrez-moi votre billet à présent.
— Ah, oui ! Le voilà !

— Mais c'est un ticket d'autobus !
— Un ticket d'autobus ?! Alors mon mari a mon billet de train !

— Votre mari ? Et où est-il ?
— À la gare routière... voilà pourquoi il m'appelle sans arrêt !

En plus...

Voyager en train

- demander des renseignements
- acheter un billet 
- aller dans la salle d'attente 
- consulter les horaires 
- monter dans le train 
- poser les bagages 
- voyager 
- valider un billet 
- regarder par la fenêtre 
- déjeuner à bord 
- descendre du train 
- rater un train 

Expressions idiomatiques

Mettre sur la voie
(Donner des indices à quelqu'un pour l'aider à deviner)
Mon père a participé à un célèbre jeu télévisé et le public l'a mis sur la voie pour qu'il puisse donner la bonne réponse.

Plier bagage
(Partir, s'enfuir)
Monsieur, vous n'êtes pas le bienvenu, je vous invite à plier bagage.

Mener grand train
(Vivre dans le luxe)
Les voisins mènent grand train, ils ont dû gagner au loto !

Prendre le train en marche
(Arriver au milieu d'une action ou d'une conversation)
J'ai pris le train en marche, je n'ai rien compris à ce qu'ils racontaient !

Détails

Le compartiment

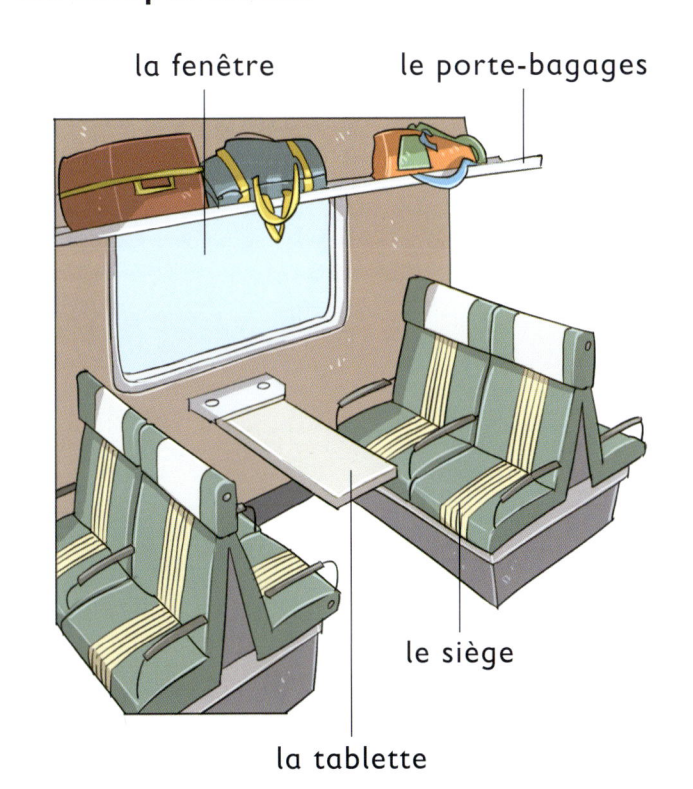

- la fenêtre
- le porte-bagages
- le siège
- la tablette

Activités numériques interactives　95

24 À l'aéroport

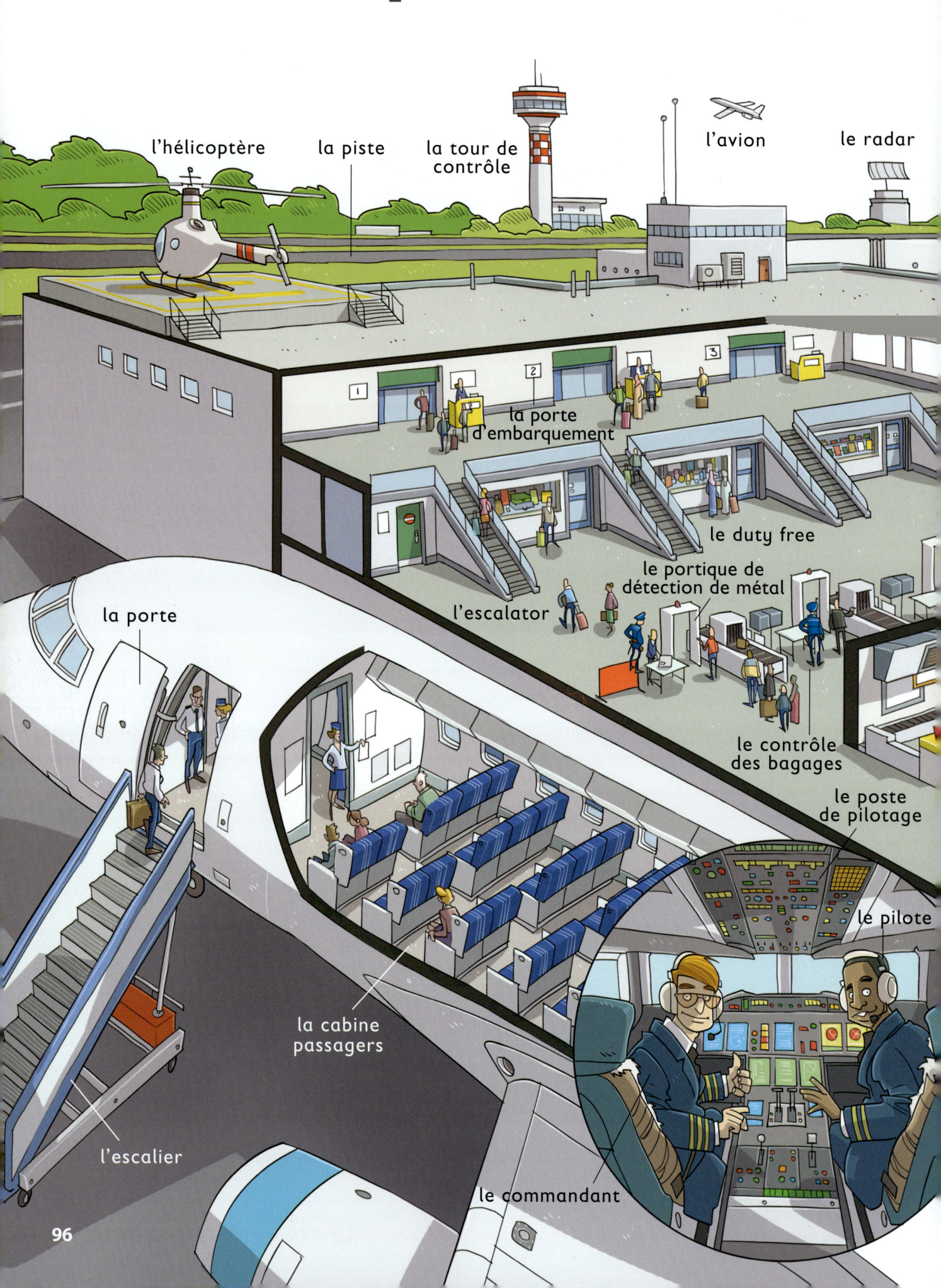

- l'hélicoptère
- la piste
- la tour de contrôle
- l'avion
- le radar
- la porte d'embarquement
- le duty free
- le portique de détection de métal
- l'escalator
- le contrôle des bagages
- le poste de pilotage
- la porte
- le pilote
- la cabine passagers
- l'escalier
- le commandant

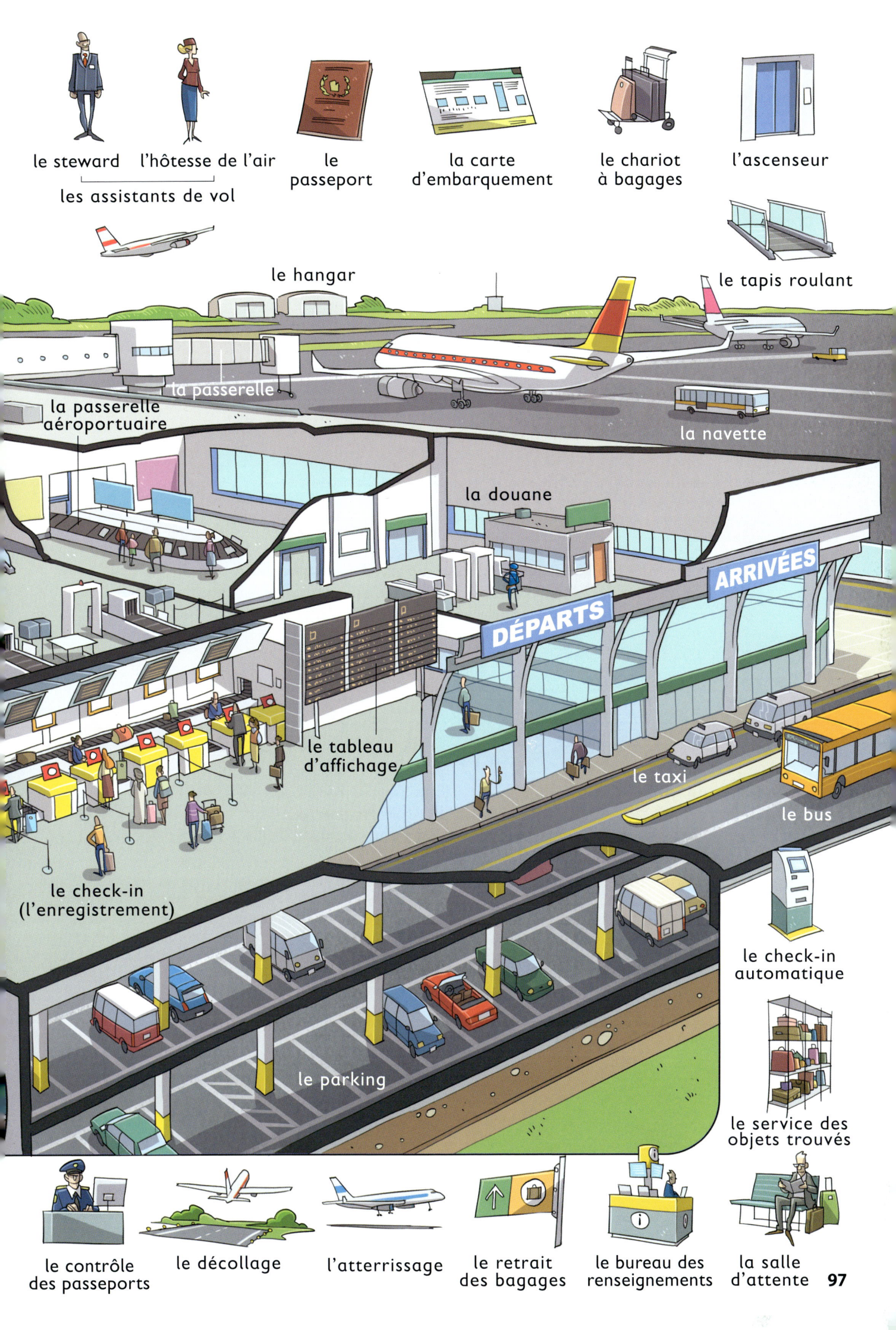

le steward — l'hôtesse de l'air
les assistants de vol
le passeport
la carte d'embarquement
le chariot à bagages
l'ascenseur
le hangar
le tapis roulant
la passerelle
la passerelle aéroportuaire
la navette
la douane
DÉPARTS
ARRIVÉES
le tableau d'affichage
le taxi
le bus
le check-in (l'enregistrement)
le check-in automatique
le parking
le service des objets trouvés
le contrôle des passeports
le décollage
l'atterrissage
le retrait des bagages
le bureau des renseignements
la salle d'attente

97

24 À l'aéroport

La peur de voler

— Bonjour, je dois faire le check-in.
— Vous avez des bagages ?

— Deux.
— Donnez-les-moi, je les mets sur le tapis roulant.

— Écoutez… tout va bien se passer n'est-ce pas ?
— C'est la première fois que vous volez ?

— Oui, et j'ai un peu peur.
— Ne vous inquiétez pas. L'avion est un moyen de transport très sûr.
  Nos hôtesses de l'air et nos stewards s'occuperont de tout.

— Et si une aile se brisait ? Ou s'il y avait une panne de moteur ?
— Mais non ! Notre commandant de bord a beaucoup d'expérience, vous ne courez aucun danger.

— Et s'il y avait un problème sur la piste ? Et si la tour de contrôle se trompait ?
— Impossible. Tout ira bien ! Tenez, voilà votre carte d'embarquement. Maintenant vous pouvez passer au contrôle des passeports et à travers le portique de sécurité.

— Oui, mais… comment vais-je faire pour retrouver mes bagages ?
— À l'arrivée, vous trouverez vos valises sur le tapis roulant à bagages.

— D'accord, mais… si le train d'atterrissage ne sortait pas ?
— Écoutez, allez vous détendre au centre commercial : il y a plein de magasins !

— Oui, ce n'est pas une mauvaise idée… mais la mienne est encore meilleure ! Je reprends mes bagages, je vais faire quelques achats et je vais à Paris en train !

En plus…

L'avion

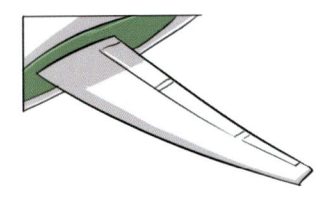

| l'aile | 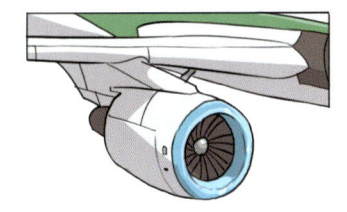 le moteur | 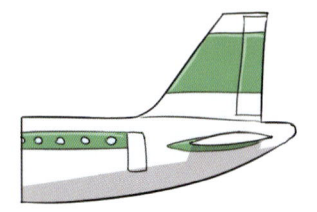 la queue |  le train d'atterrissage |

| le couloir | 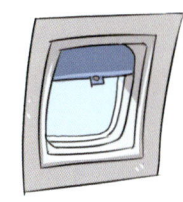 le hublot | 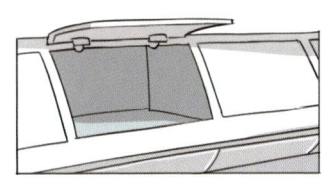 le porte-bagages |  le siège |

| l'écran |  les oreillettes |  la tablette | 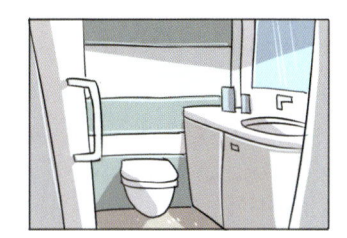 les toilettes |

Expressions idiomatiques 🔊

Donner des ailes
(Être supermotivé)
Charlotte vient de trouver un nouvel emploi qui lui donne des ailes !

Brouiller les pistes
(Dissimuler les traces)
Les malfaiteurs ont dévalisé la banque puis ils ont brouillé les pistes, on ne les a plus retrouvés.

Voler de ses propres ailes
(Être autonome)
Une fois mes études terminées, je trouverai un emploi et je volerai de mes propres ailes.

Se serrer la ceinture
(Se priver de quelque chose)
Cette année je dois me serrer la ceinture, je viens de perdre mon emploi.

Détails

La sécurité pendant le vol

| le masque à oxygène | le gilet de sauvetage |

la ceinture de sécurité

▶ Activités numériques interactives

25 L'agence de voyages

le golfe

la toundra

la péninsule

la jungle

la savane

l'archipel

la ville

le parc safari

l'île

le parc d'attractions

l'aquarium

le lac

le volcan

le fleuve

le château

l'iceberg

le glacier

la mer

la montagne

100

- le dépliant
- le guide touristique
- le billet
- le bateau de croisière
- la mosquée
- le désert
- le palais
- l'hôtel
- le musée
- le village touristique
- la cascade
- l'animation
- ANIMAUX ADMIS
- le temple boudhiste
- la voyagiste
- l'église
- la sinagogue
- le parc animalier
- l'aire archéologique

NORD, NORD-EST, NORD-OUEST, EST, OUEST, SUD-EST, SUD-OUEST, SUD

les points cardinaux

25 L'agence de voyages

De belles vacances

— Bonjour, je voudrais partir en vacances !
— Où précisément ?

— Je compte sur vous pour m'aider à décider.
— Très bien... Vous voulez aller à la mer ? Nous pourrions organiser de belles vacances sur la côte d'Azur. Nice, Menton... ce sont de magnifiques localités balnéaires.

— Non, je trouve qu'il y a trop de touristes !
— Peut-être que vous préférez aller à Ajaccio, en Corse ? L'eau de cette île est cristalline !

— Non, je n'aime pas les bains de mer.
— Alors que pensez-vous d'un parc safari ou d'un parc naturel, au milieu de la nature et des animaux ?

— Pour l'amour du ciel ! Ce n'est pas mon truc !
— J'ai compris... Une belle aire archéologique ?

— Vous plaisantez ? Dans les aires archéologiques, il n'y a que des gens morts !
— Eh bien... à la montagne alors... ou des vacances au bord d'un lac ?

— Pas question ! La montagne, c'est fatigant et les lacs, c'est triste !
— J'ai compris ! Une belle ville à visiter ! Certaines ont un centre historique magnifique !

— Mais moi je vis en ville, pourquoi devrai-je aller dans une autre ville ?
— Vous avez raison... alors je vous propose un voyage dans la jungle... dans le désert ou dans la savane, si vous préférez, pour voir les animaux sauvages, la nature intacte...

— Des animaux sauvages ? Je n'en ai aucune intention ! Je veux passer des vacances simples et relaxantes.
— Je suis désolée, je ne sais plus quoi vous proposer.

— Peu importe... j'ai de toute façon compris une chose importante !
— Laquelle ?

— Le meilleur endroit où passer mes vacances, je le connais déjà : c'est mon petit chez moi !

En plus...

Océans et continents

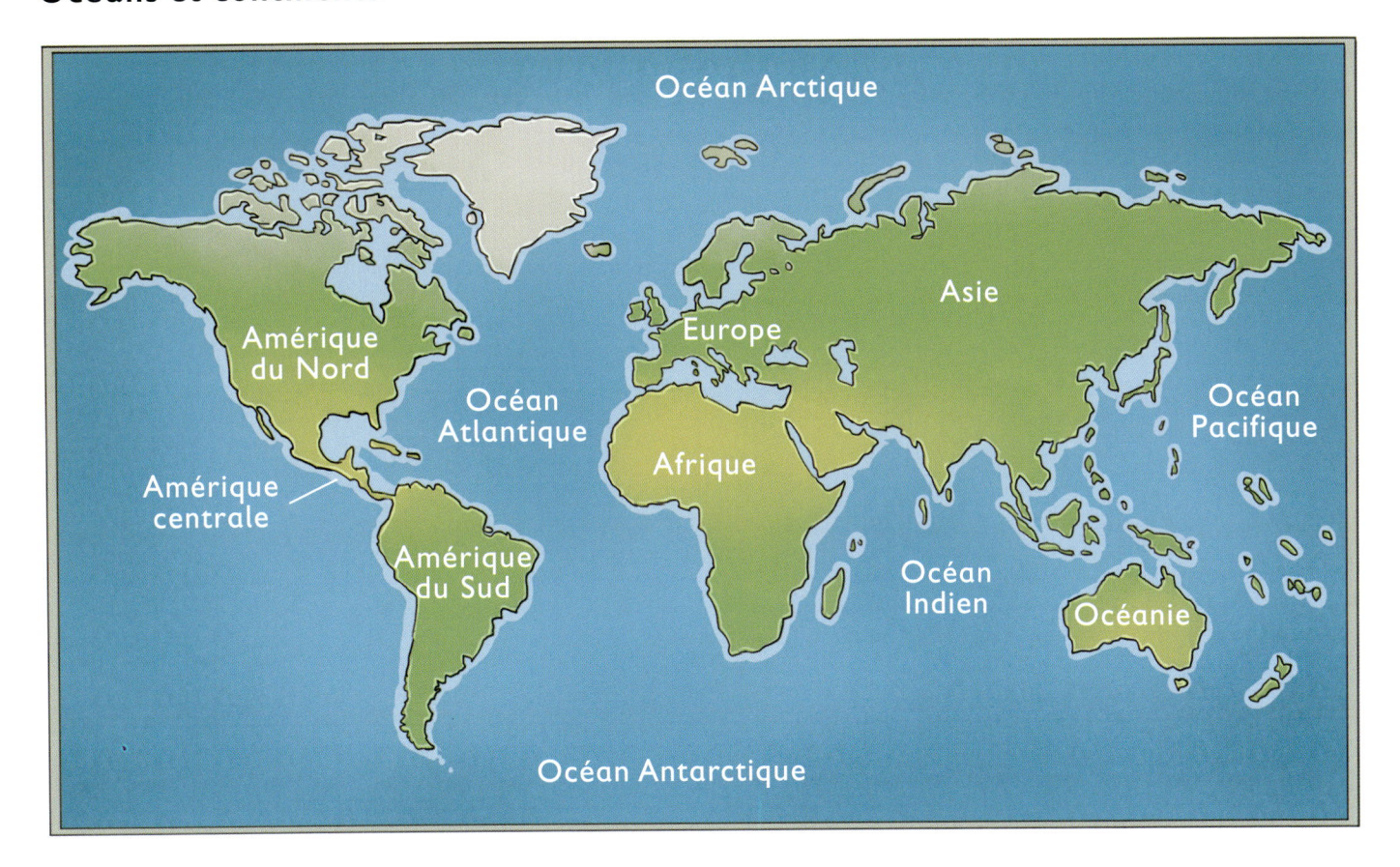

- Océan Arctique
- Océan Atlantique
- Océan Pacifique
- Océan Indien
- Océan Antarctique
- Amérique du Nord
- Amérique centrale
- Amérique du Sud
- Europe
- Afrique
- Asie
- Océanie

Expressions idiomatiques 🔊

Perdre la boussole
(Devenir fou)
Pauvre Michel... Marie l'a quitté et il a perdu la boussole !

Parler dans le désert
(Parler inutilement)
Elle demande à ses enfants de ranger leur chambre mais elle parle dans le désert, personne ne l'écoute.

Soulever les montagnes
(Accomplir des tâches difficiles)
Pour gagner cette position dans l'entreprise, elle a dû soulever des montagnes.

Il n'y a pas le feu au lac !
(Quand on n'est pas pressé)
Du calme, j'arrive, il n'y a pas le feu au lac !

Détails

Les accessoires de voyage

- la caméra
- le GPS
- l'appareil photo

Activités numériques interactives 103

26 Le corps humain

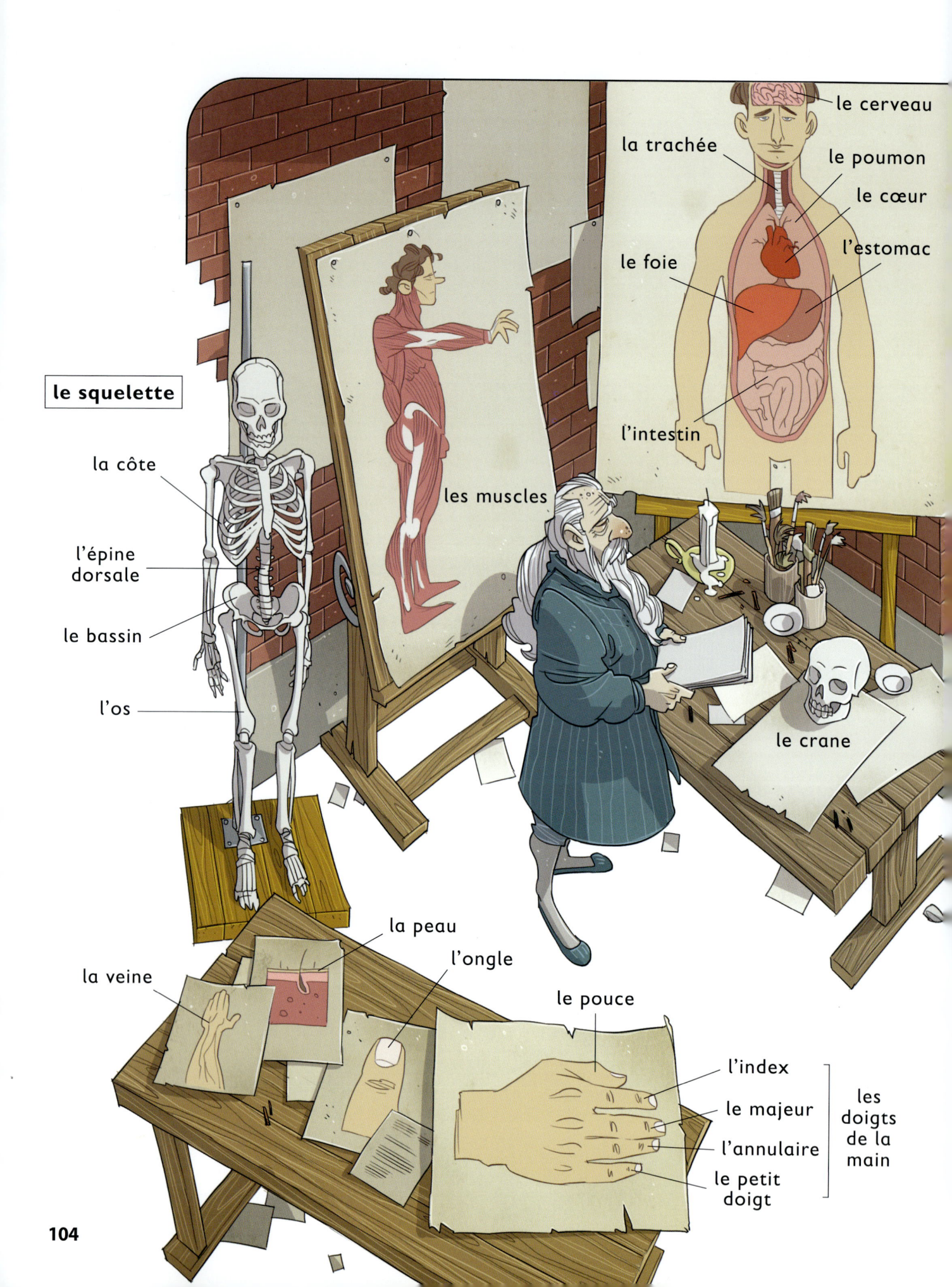

le cerveau
la trachée
le poumon
le cœur
le foie
l'estomac
l'intestin

le squelette
la côte
l'épine dorsale
le bassin
l'os

les muscles

le crane

la veine
la peau
l'ongle
le pouce
l'index
le majeur
l'annulaire
le petit doigt
les doigts de la main

104

le front — l'œil — le sourcil — le cil — le nez

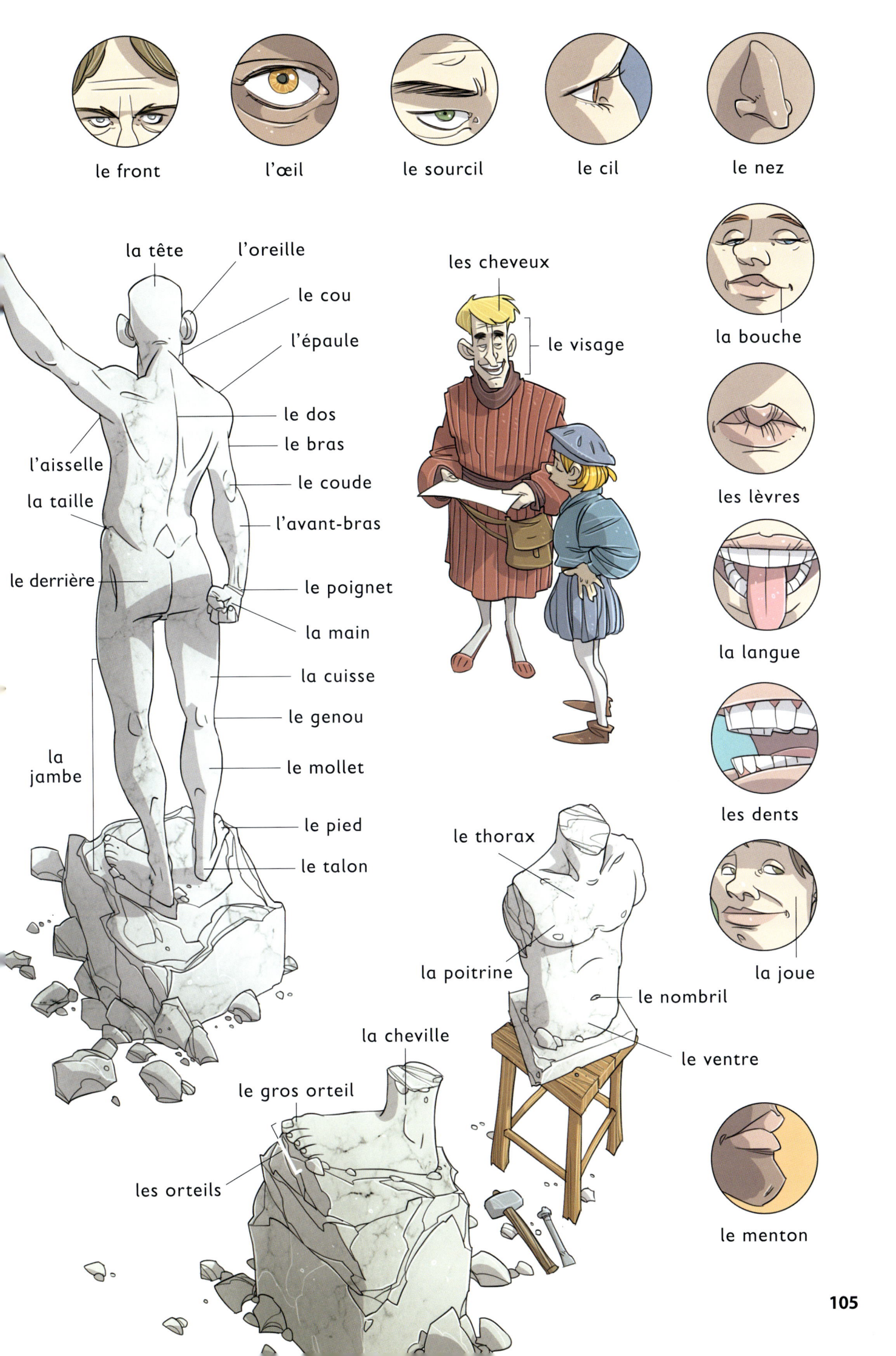

la tête
l'oreille
le cou
les cheveux
l'épaule
le visage
le dos
le bras
la bouche
le coude
l'avant-bras
les lèvres
l'aisselle
la taille
le poignet
la main
la langue
le derrière
la cuisse
le genou
les dents
le mollet
la jambe
le pied
le talon
le thorax
la joue
la poitrine
le nombril
la cheville
le ventre
le gros orteil
les orteils

le menton

105

26 Le corps humain

J'ai étudié !

— Alors Nathan, tu es prêt ? Tu as étudié ?
— Bien sûr Sophie ! Désormais je connais le corps humain de A à Z.

— Alors commence, je t'écoute !
— La tête est sur les épaules, puis les épaules partent des bras, au bout desquels il y a les mains, avec leurs cinq doigts.

— Et comment les doigts de la main s'appellent-ils ?
— Le pouce, l'index, le majeur, l'annulaire et l'auriculaire.

— Bravo ! Continue. Qu'est-ce qu'il y a sous le cou ?
— Le thorax !

— Et dans le thorax ?
— Il y a les organes internes, comme le cœur et les poumons.

— Et si on descend qu'est-ce qu'on trouve ?
— Le ventre avec l'intestin.

— Décris les jambes maintenant !
— En haut il y a la cuisse, puis le genou, le mollet, la cheville et enfin le pied.

— D'accord. Parlons du visage à présent.
— Sur le visage il y a les yeux, avec les cils et les sourcils, le nez, les joues et la bouche…

— Et comment est la bouche ?
— Il y a les lèvres et à l'intérieur, la langue et les dents… Alors qu'est-ce que tu en penses ? Je suis prêt ?
— Heu… la bonne nouvelle, c'est que tu connais les parties du corps.

— Excellent ! Et la mauvaise ?
— C'est que pour avoir ton examen de peinture à l'Académie des Beaux-Arts tu devrais aussi savoir les dessiner !

En plus…

Les yeux et les cheveux

les yeux verts  — les yeux bleus  — les yeux marron  — les yeux noirs

les cheveux ondulés  — les cheveux raides  — les cheveux frisés  — les cheveux blancs

les cheveux poivre et sel  — (être) chauve  — les cheveux courts et roux  — les cheveux longs et châtains

Expressions idiomatiques

Se creuser la tête
(Penser intensément)
J'ai beau me creuser la tête, je ne me souviens pas où j'ai mis mes clés.

Tomber comme un cheveu dans la soupe
(Arriver mal à propos)
Stéphane téléphone souvent à l'heure du déjeuner, il tombe toujours comme un cheveu dans la soupe.

En avoir plein le dos
(En avoir assez)
Arrêtez de vous disputer ! J'en ai plein le dos de vos histoires !

Avoir le bras long
(Être influent)
Si tu cherches un emploi, adresse-toi à mon ami Julien, il a le bras long !

Détails

Les coiffures

la frange — la queue de cheval — la tresse

la barbe — la moustache

Activités numériques interactives

27 À l'hôpital

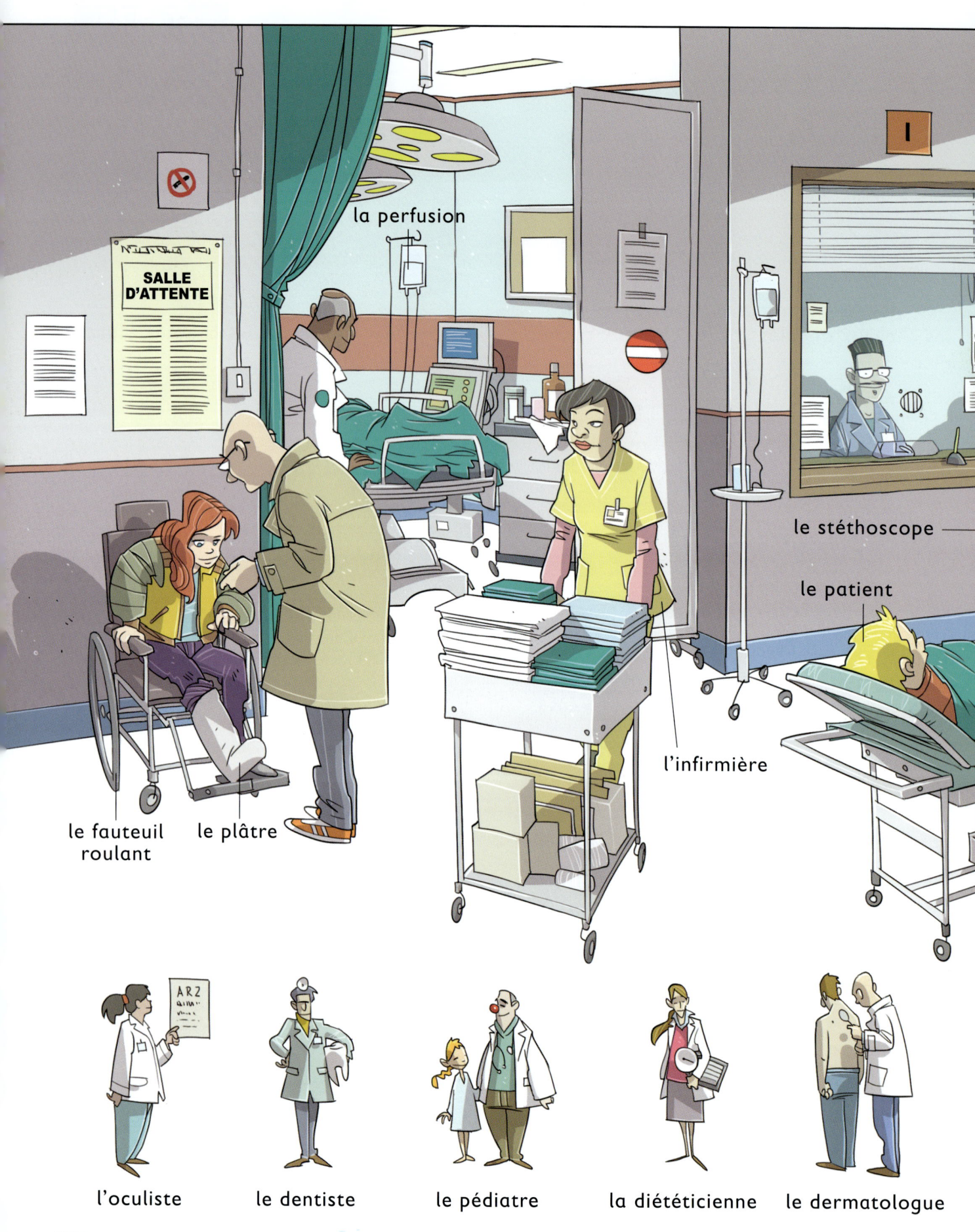

la perfusion

le stéthoscope

le patient

l'infirmière

le fauteuil roulant

le plâtre

l'oculiste — le dentiste — le pédiatre — la diététicienne — le dermatologue

le coton la bande le pansement les gouttes le sirop les médicaments

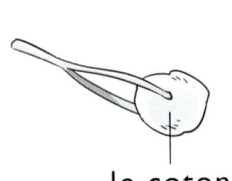

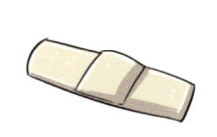

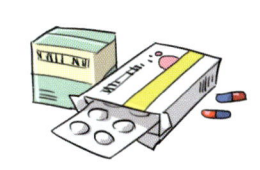

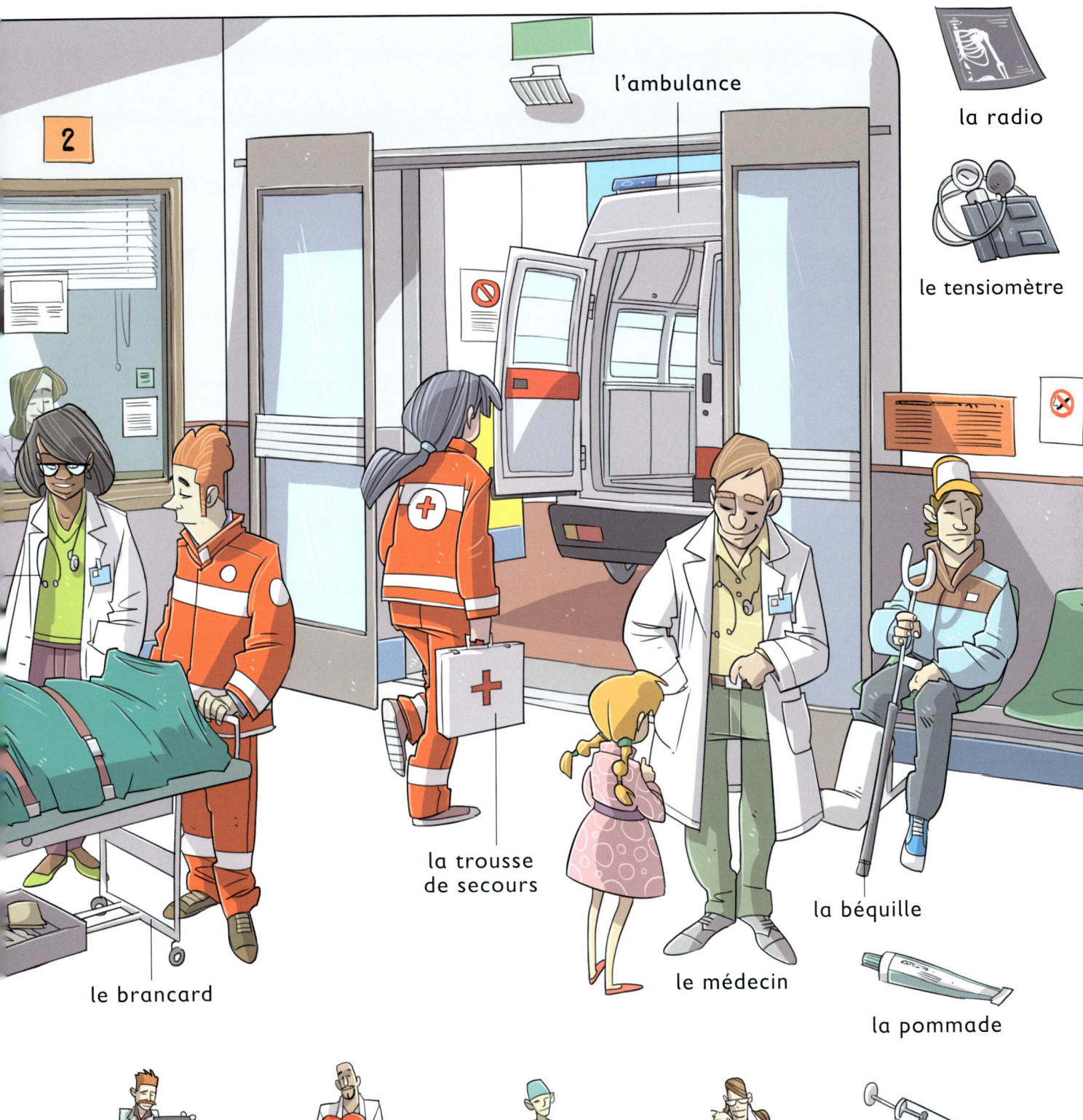

l'ambulance

la radio

le tensiomètre

la trousse de secours

le brancard

la béquille

le médecin

la pommade

l'orthopédiste le cardiologue le chirurgien la sage-femme

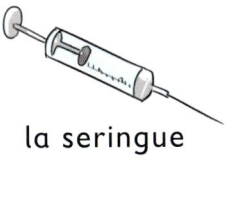

la seringue

le thermomètre

109

27 À l'hôpital

Un matin à l'hôpital

— Marc ! Qu'est-ce qui t'est arrivé ? Tu as un plâtre, tu as un œil bandé et tu marches avec des béquilles !
— Ce matin, je suis allé à l'hôpital. Dès que je suis entré, un infirmier est arrivé, m'a mis dans un fauteuil roulant et m'a emmené aux urgences !

— Aux urgences ?!
— Oui, et le médecin m'a tout de suite envoyé faire une radio de la jambe.

— Si vite ?
— Oui… puis ils m'ont fait une injection avec une grosse seringue et ils m'ont plâtré. L'infirmier m'a fait allonger sur un brancard.

— Pauvre Marc !
— C'est à ce moment-là qu'un autre médecin est venu prendre ma tension, il a ausculté mon cœur avec un stéthoscope et il m'a prescrit des médicaments.

— Mais c'est grave alors !
— Ensuite, l'infirmier m'a remis dans le fauteuil roulant et m'a accompagné dans le cabinet de l'oculiste.

— L'oculiste ? Et qu'est-ce que cela a à voir ?
— L'oculiste m'a mis des gouttes dans l'œil puis il me l'a bandé.

— Et tu es sorti de l'hôpital ?
— Non, à cause des gouttes mon œil me faisait mal. Alors l'oculiste est allé chercher du coton et il voulait appeler le dentiste.

— Le dentiste ?! Et pourquoi donc ?!
— Je l'ignore ! À un certain moment j'ai sauté par la fenêtre !

— Tu t'es enfui ? Mais pourquoi ?! Tu es malade !
— Moi, malade ?! Non ! J'étais allé à l'hôpital pour rendre visite à mon oncle.

En plus…

Problèmes de santé

le mal d'estomac	le mal de gorge	la fièvre	le mal de tête
le mal de dents	la blessure	la brûlure	le rhume
la toux	la foulure	la fracture	la piqûre d'insecte

Expressions idiomatiques 🔊

Avoir une santé de fer
(Ne jamais tomber malade)
Tu as vraiment une santé de fer : tu ne t'enrhumes jamais.

Ruer dans les brancards
(Se révolter)
Quand elle a su qu'elle ne jouerait pas le match, elle a rué dans les brancards !

Avoir un bleu
(Avoir une ecchymose)
Le fils de Sophie est tombé, il a un gros bleu sur le front.

Tomber dans les pommes
(S'évanouir)
Il a appelé l'ambulance parce que sa femme est inconsciente. Elle est tombée dans les pommes dans l'escalier.

Détails

Les allergies

alimentaires

à la poussière

au pollen

aux insectes

aux poils d'animaux

▶ Activités numériques interactives   111

28 Les sports

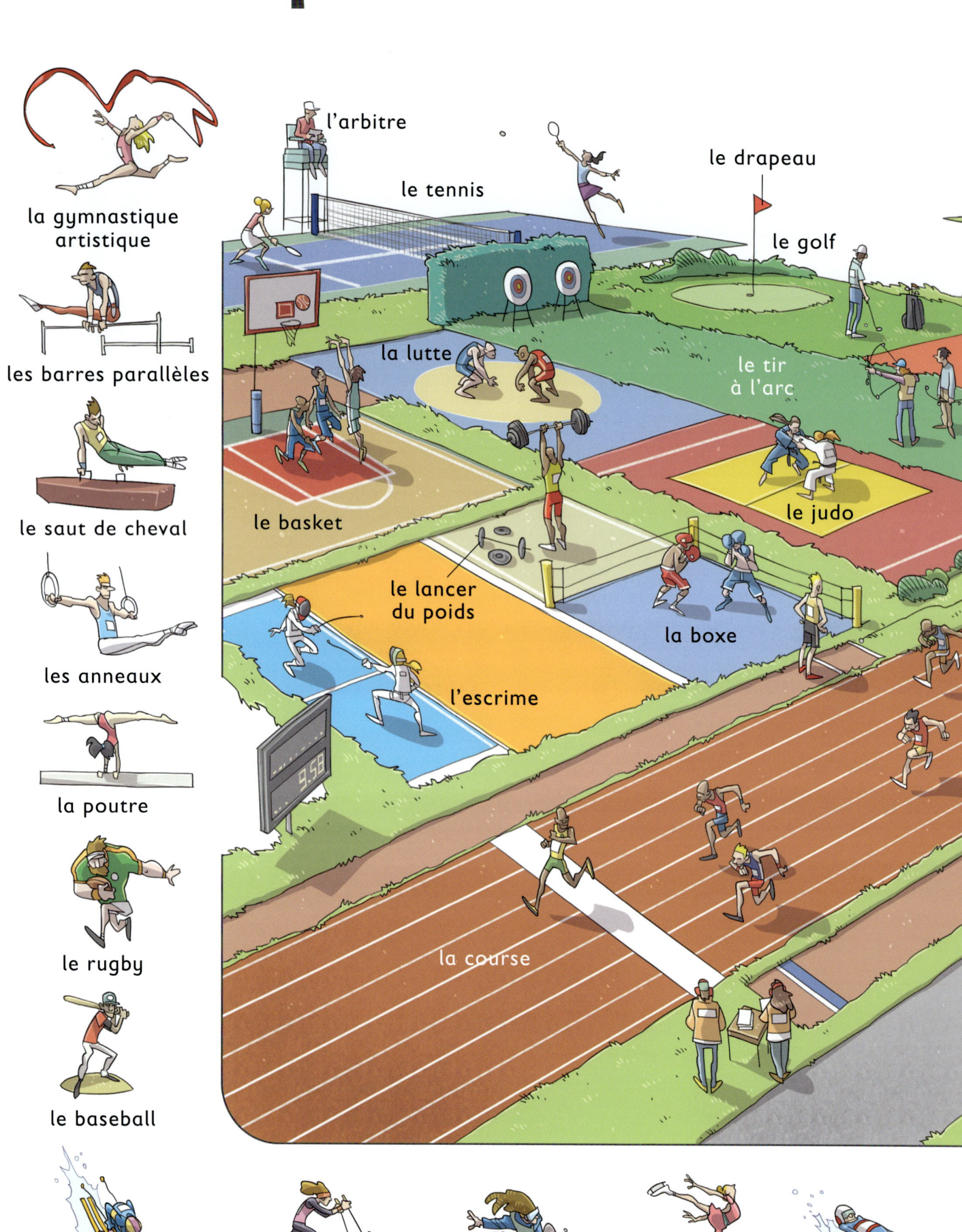

- la gymnastique artistique
- les barres parallèles
- le saut de cheval
- les anneaux
- la poutre
- le rugby
- le baseball
- l'arbitre
- le tennis
- le drapeau
- le golf
- la lutte
- le tir à l'arc
- le basket
- le judo
- le lancer du poids
- la boxe
- l'escrime
- la course
- le ski
- le ski de fond
- le snowboard
- le patinage artistique
- la luge

112

le canoë  — le kayak  — la voile  — la planche à voile

la natation

la natation synchronisée

le football

le water-polo

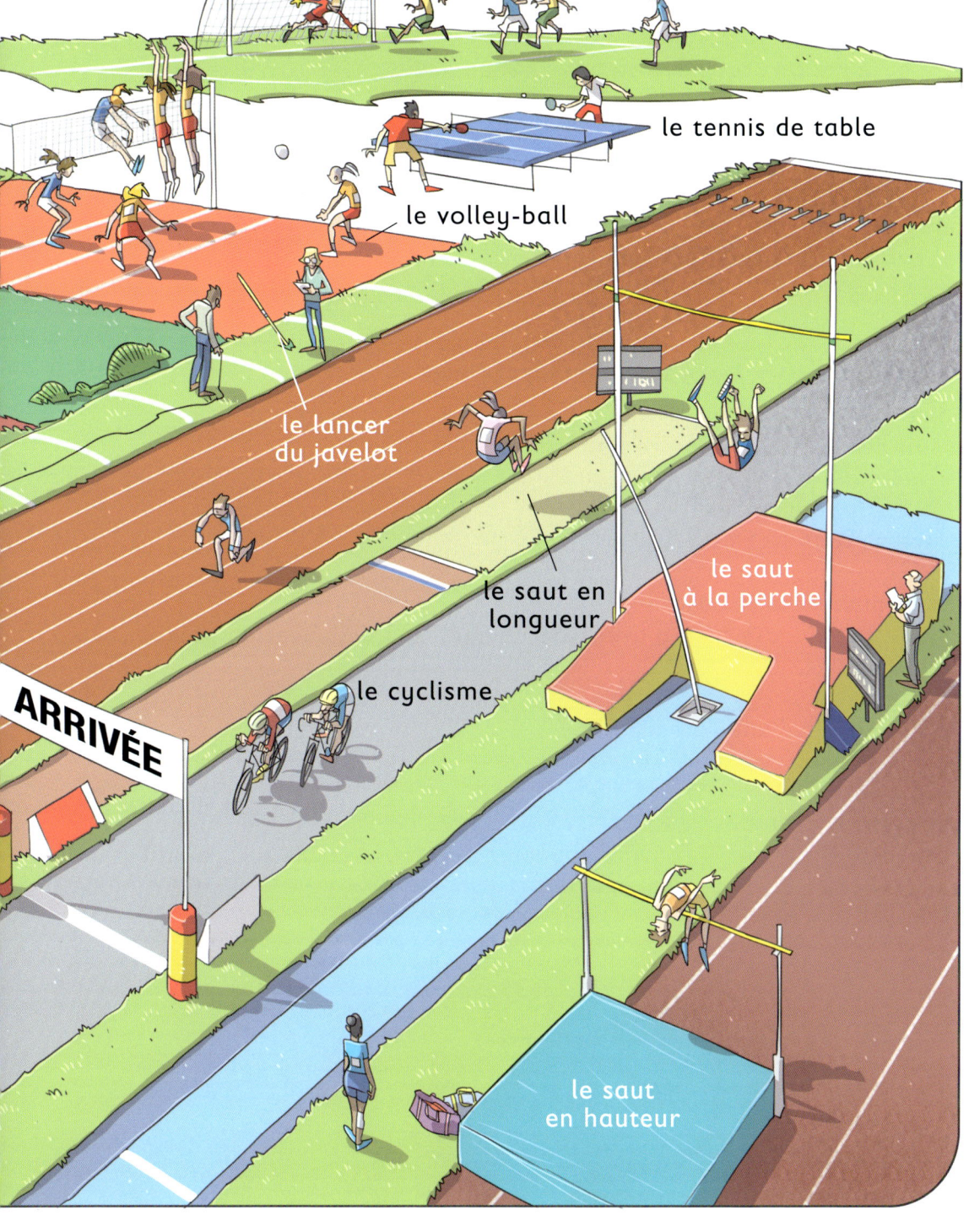

le tennis de table

le volley-ball

le plongeon

le lancer du javelot

la course de haie

le saut en longueur

le saut à la perche

le cyclisme

le lancer du disque

le patinage artistique sur roulettes

le saut en hauteur

l'équitation

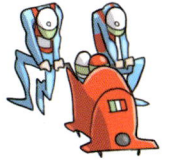

le bobsleigh  — le curling 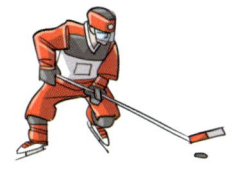 — le hockey sur glace  — le patinage de vitesse — le polo

ARRIVÉE

113

28 Les sports

Catastrophe aux Jeux Olympiques 🔊 ▶

— Salut Simon, cela fait un moment que je ne te vois pas ! Où étais-tu passé ?
— J'ai participé aux Jeux Olympiques.

— Pas possible ?! Raconte !
— J'ai fait la compétition du saut à la perche… je me suis mis à courir pour sauter, mais je me suis trompé de piste et je me suis retrouvé au beau milieu d'une course cycliste.

— Incroyable ! Et qu'est-ce qui s'est passé ?
— Une catastrophe ! Ils sont tous tombés ! Ils étaient furieux !

— Et toi, qu'est-ce que tu as fait ?
— Je me suis sauvé et j'ai glissé dans le fleuve.

— Quel fleuve ?!
— Celui de la course de canoë. J'ai abimé quatre canoës et j'ai dû de nouveau m'enfuir !

— Je veux bien le croire !
— En courant, je me suis retrouvé dans une compétition d'équitation.

— Combien de jockeys as-tu fait tomber ?
— Aucun, mais j'ai renversé tous les obstacles.

— Et tu t'es de nouveau enfui, n'est-ce pas ?
— Oui, je suis entré dans un gymnase où il y avait une compétition de lancer du poids… J'ai fait tomber tous les poids…

— Zut alors ! Mais tu as provoqué une catastrophe !
— Pas complètement…

— Comment cela ?! Et pourquoi donc ?
— Parce que maintenant je fais partie de l'équipe olympique de cross-country… j'ai battu tous les records !

En plus…

Pour faire du sport

- les skis
- les bâtons de ski
- le club de golf
- les rollers
- les patins à glace
- la balle
- le but
- la raquette de tennis
- le filet
- la piste
- la médaille
- les starting blocks

Expressions idiomatiques

Avoir plus d'une corde à son arc
(Avoir plusieurs talents)
*Cet artiste sait chanter, danser, réciter…
il a plus d'une corde à son arc !*

Être sport
(Être loyal)
Le joueur est sport, il respecte les règles du jeu.

Mettre les voiles
(Partir)
*Après mes études, je vais mettre les voiles,
j'ai besoin de vacances.*

Le revers de la médaille
(Le mauvais côté d'une chose ou d'une
personne)
*Cet acteur a du succès mais plus de vie privée,
c'est le revers de la médaille.*

Détails

L'habillement sportif

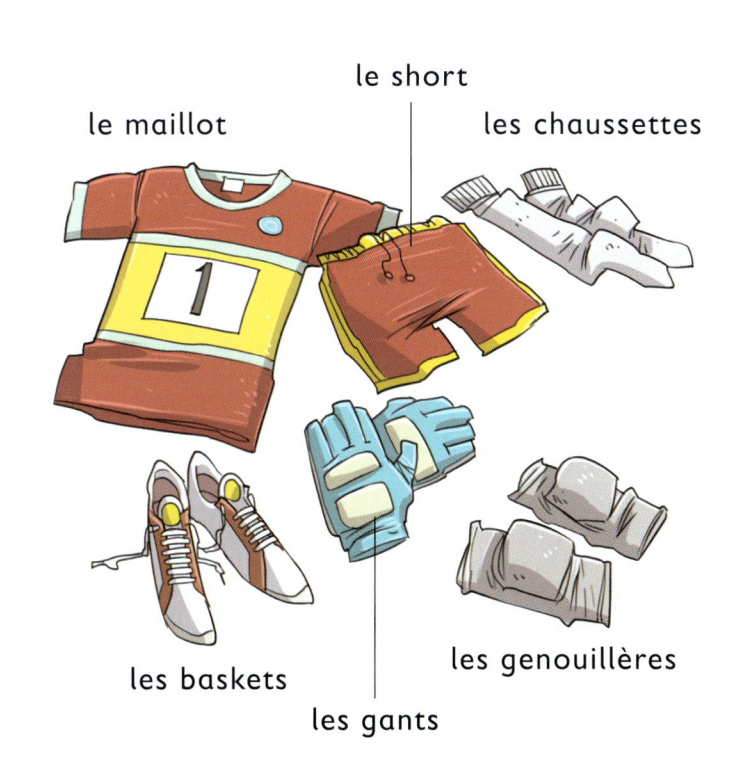

- le maillot
- le short
- les chaussettes
- les baskets
- les gants
- les genouillères

▶ Activités numériques interactives

29 Les jours, les mois et les saisons

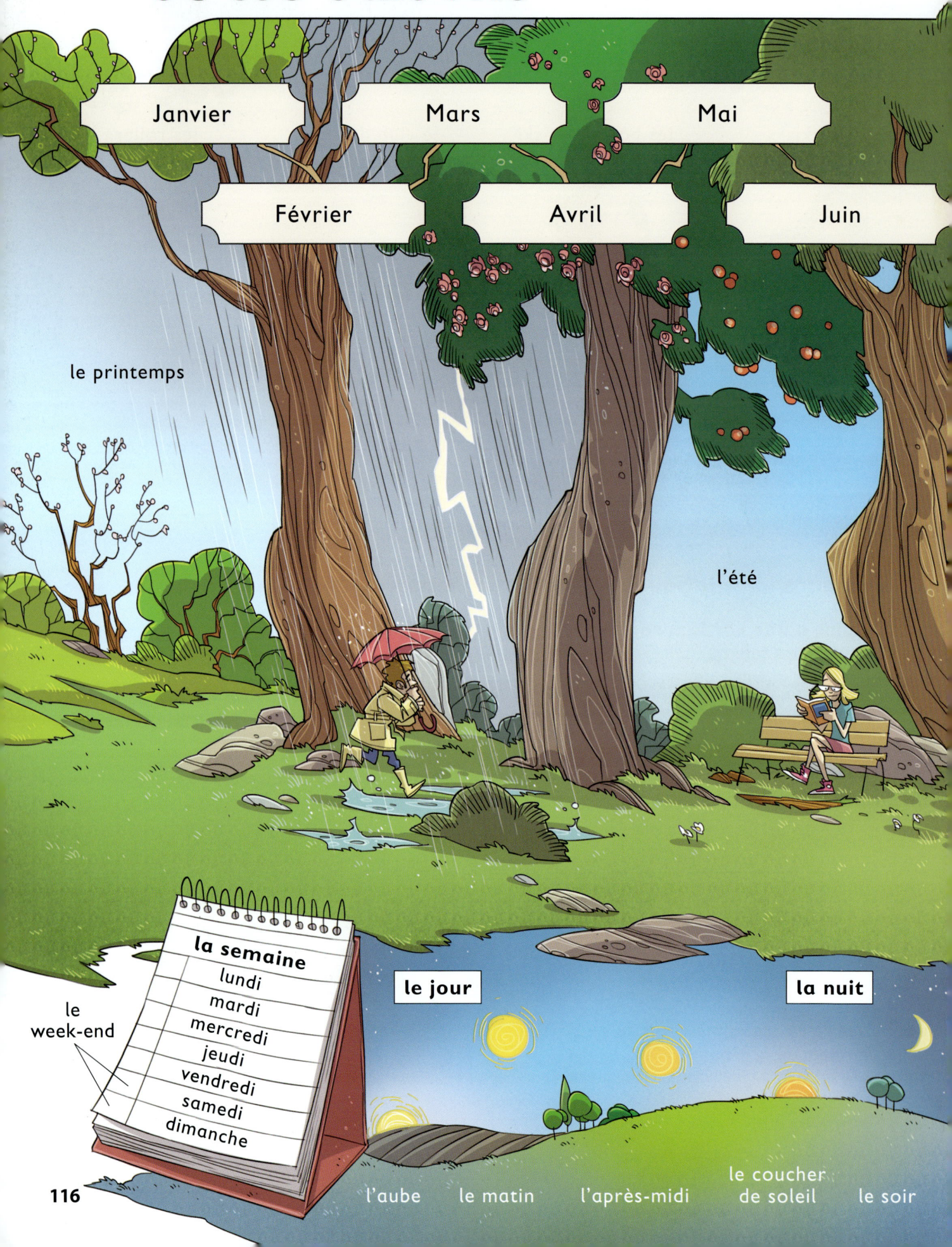

Janvier

Mars

Mai

Février

Avril

Juin

le printemps

l'été

la semaine
lundi
mardi
mercredi
jeudi
vendredi
samedi
dimanche

le week-end

le jour

la nuit

l'aube   le matin   l'après-midi   le coucher de soleil   le soir

Juillet   Septembre   Novembre

Août   Octobre   Décembre

l'automne

l'hiver

l'éclair

le soleil · les nuages · le vent · la pluie · l'orage

la tempête · le brouillard · la gelée · la neige · l'arc-en-ciel

117

29 Les jours, les mois et les saisons

La « belle » saison

— Alors mon chéri, quand est-ce qu'on part en vacances cette année ?
— Je n'en sais rien Laurence… toi, qu'est-ce que tu proposes ?

— Moi, j'aime l'hiver, quand il fait froid. Nous pourrions aller skier ! Au mois de janvier, il y a beaucoup de neige !
— Non… Et si nous tombions et nous nous faisions mal ? Et puis il y a des gelées !

— Tu préfères le printemps ? Il ne fait pas encore trop chaud et les journées sont assez longues !
— Non… au printemps le temps est instable ! Quelquefois il y a du soleil, quelquefois il pleut… et parfois il y a des tempêtes !

— D'accord, j'ai compris, tu préfères l'été. Si nous partons en vacances en juillet ou en août il n'y aura pas de problèmes…
— Il y en aura au contraire ! Au mois d'août, il fait chaud et ça me rend malade… et puis en été, il y a souvent des orages !

— Mais ce sont de petits orages… ensuite le soleil revient et on peut admirer de magnifiques arcs-en-ciel. Les journées sont longues ! Sans parler des splendides nuits étoilées !
— Je ne suis pas convaincu…

— Écoute… il ne nous reste que l'automne…
— Mais en automne il pleut souvent, il y a du vent, parfois du brouillard et il recommence à faire froid.

— Mais non ! C'est une très belle saison ! Et quels couchers de soleil !
— Non, je n'aime pas l'automne non plus.

— Et alors, qu'est-ce qu'on va faire ? Pas de vacances ?
— Ce n'est pas de ma faute si dans une année il n'y a que quatre saisons !

En plus...

Phénomènes naturels

le froid	 la chaleur	 l'humidité	 la sécheresse
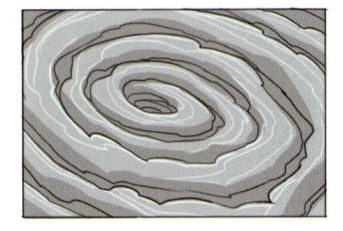 l'ouragan	 la tornade	 l'inondation	 le tsunami
 le tremblement de terre	 l'éruption volcanique	 l'incendie de forêt	 l'avalanche

Expressions idiomatiques 🔊

C'est le jour et la nuit
(Deux personnes contraires)
Charlotte et Aurélie sont jumelles mais elles ont un caractère très différent, c'est le jour et la nuit.

Avoir la tête dans les nuages
(Être rêveur, distrait)
Julien ne fait jamais attention où il met les pieds... Il a toujours la tête dans les nuages.

Faire la pluie et le beau temps
(Décider de tout, se croire tout permis)
Cet élève dérange toujours ses camarades, dans sa classe il fait la pluie et le beau temps.

Bon vent !
(Au revoir, bon voyage)
Ah tu veux partir tout de suite ?! Alors bon vent !

Détails

Le thermomètre

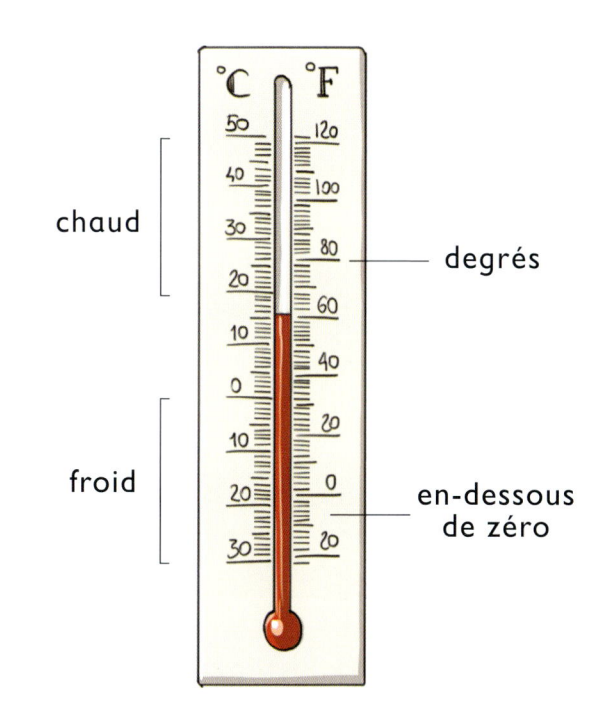

chaud — degrés
froid — en-dessous de zéro

30 Le bois

la coccinelle

l'escargot

la limace

l'écureuil

l'œuf

le nid

le papillon

le lièvre

le renard

le champignon

la libellule

la taupe

la tortue

la grenouille

le ver

la fourmi

le moustique

la mouche

l'araignée

le lézard

120

la pomme de pin — les pignons — la glande — la châtaigne — la bogue

le camping

- le camping-car
- la caravane
- les jumelles
- la table pliante
- la chaise pliante
- le ruisseau
- la tente
- le sac de couchage
- la gourde
- le réchaud
- la torche
- le jerrican
- la lampe
- la chauve-souris
- le lombric
- la sauterelle
- le scorpion
- le mille-pattes

30 Le bois

Un réveil heureux

— Bonjour mon amour ! Tu as bien dormi ?
— Très bien, comme un loir ! Le bruit du ruisseau m'a bercé comme une comptine... et mon sac de couchage est vraiment confortable. J'ai une faim de loup... Nous prenons notre petit-déjeuner ?

— Oui, volontiers mais... tu ne trouves pas qu'il y a quelque chose de bizarre ?
— Non, ma chérie. J'ouvre la table pliante... où est-ce que tu as mis le réchaud ?

— À côté des chaises. Dis-moi... quelle est la première chose que tu as vue quand tu as ouvert les yeux ?
— Les arbres ! Une merveille ! J'ai vu un écureuil qui courait avec une glande dans sa bouche. Figure-toi qu'une pomme de pin est tombée sur ma tête. Mais je ne me suis pas fait mal.

— Ah, une pomme de pin est tombée sur ta tête... et tu ne trouves pas ça bizarre ?
— Non ! Ça peut arriver quand on est dans un bois.

— Et tu n'as rien vu d'autre ?
— Si, un renard... et un lièvre !

— Je crois que tu n'as pas bien saisi... je voudrais savoir ce que tu as vu à ton réveil !
— Mais c'est ce que je suis en train de te dire ! J'ai aussi vu des châtaignes et des champignons. Ça ne te suffit pas ?

— Et tu trouves toujours ça normal ?
— Tu es bizarre ce matin... mais qu'est-ce qui te prend ?

— Cette nuit notre tente s'est envolée à cause du vent ! Voilà pourquoi tu as vu les arbres à ton réveil et voilà pourquoi une pomme de pin est tombée sur ta tête !

En plus...

Animaux du bois

le corbeau	la chouette	le moineau	le hibou
le pic	le rouge-gorge	le cricket	la guêpe
le crapaud	le porc-épic	le putois	le raton laveur

Expressions idiomatiques 🔊

Avancer comme un escargot
(Aller très lentement)
Dépêche-toi Valérie ?! Tu avances comme un escargot !

Comme des mouches
(En grand nombre)
Quand je fais un gâteau, mes amis arrivent comme des mouches !

Minute papillon !
(Doucement !)
Tu es toujours pressé ! Minute papillon ! J'arrive !

Avoir une araignée au plafond
(Être un peu farfelu)
Monsieur Duval est un type original, il a vraiment une araignée au plafond !

Détails

Le matériel de camping

- le sac à dos
- le matelas
- les bâtons de randonnée
- la casquette
- les chaussures de marche

▶ Activités numériques interactives

31 La ferme

la bergerie

l'agneau

la brebis

le pigeon

le poulailler

la grange

l'étable

le potager

le tracteur

l'épouvantail

l'agriculteur

le vétérinaire

le dindon

le lapin

le canard

le caneton

le coq

la poule

le poussin

l'œuf

l'oie

124

l'hirondelle

le silo

les abeilles

la ruche

le porc

l'âne

l'éleveur

le taureau

la vache

le veau

la serre

la clôture

le cheval

la chèvre

la souris

le poulain

le chevreau

le chaton   le chat   le chiot   le chien

125

31 La ferme

Les grands animaux 🔊 ▶

— Lucas, tu aimes la ferme ?
— Non, maman…

— Mais si ! Ici on peut voir un tas de choses intéressantes… Regarde les ruches ! Beaucoup d'abeilles bourdonnent tout autour !
— Moi, je veux voir les grands animaux !

— Alors regarde : ici il y a un poulailler, avec un coq, des poules et des poussins. Qu'ils sont tendres, n'est-ce pas ? Et juste à côté, il y a les petits lapins.
— Oui… mais moi, je veux voir les grands animaux !

— D'accord… voilà les brebis. Regarde ! Il y a même un agneau !
— Non ! Je veux voir les grands animaux ! Les plus grands !!!

— Tu veux voir les vaches et leurs veaux ? Les vaches sont grandes !
— Non ! Les vaches sont trop petites ! Je veux voir les dinosaures !

— Quoi ?! Mais il n'y a pas de dinosaures !
— Tu m'avais dit qu'à la ferme on trouverait tous les animaux ! Et moi, je veux voir des dinosaures !

— Les dinosaures n'existent plus ! Mais nous pouvons voir des dindons, des canards, des oies… et là-bas il y a même un espace clôturé pour les porcs !
— Des dinosaures !!!

— Lucas ! Il n'y a pas de dinosaures ! Ils n'existent plus, un point c'est tout !
— Zut alors ! Et alors qu'est-ce qu'on peut voir ici ?

— Un tracteur ! Tous les enfants aiment les tracteurs ! Regarde là-bas, il y en a un au milieu du potager. Il est très grand !
— Je n'aime pas cette ferme ! Il n'y a rien de rien !

— Ce n'est pas vrai Lucas, regarde le taureau ! Le taureau est grand et fort !
— Oui, il est grand… mais je voudrais voir d'autres animaux…

— Très bien ! Et on commence par lequel ?
— Par le tigre aux dents acérées ! Où sont les tigres ?

En plus…

Activités à la ferme

labourer	bêcher	sarcler	semer
fertiliser	récolter	nourrir les animaux	traire

La récolte

le blé	le maïs	le tournesol	le riz

Expressions idiomatiques

Pleurer comme un veau
(Pleurer beaucoup)
Hier j'ai regardé un film dramatique… à la fin j'ai pleuré comme un veau.

Avoir la chair de poule
(Avoir peur ou avoir froid)
Caroline ne veut pas monter sur les montagnes russes, elle en a la chair de poule.

Ménager la chèvre et le chou
(Satisfaire deux personnes aux intérêts opposés)
Léo voulait aller nager à la mer, Louise voulait aller à la montagne… À la fin j'ai ménagé la chèvre et le chou et j'ai réservé un hôtel avec piscine à la montagne.

Passer du coq à l'âne
(Passer d'un sujet à l'autre)
Arrête de passer du coq à l'âne ! Je ne comprends rien à ce que tu racontes.

Détails

Monter à cheval

- la bride
- la selle
- le mors
- les rennes
- les étriers

▶ Activités numériques interactives

32 Le monde animal

l'aigle
le renne
le puma
le castor
le bouquetin
le cerf
l'ours
le loup

le bois et la montagne

le colibri
le fourmilier
le lama
le panda

le suricate
le dromadaire
le chameau
le serpent

le koala
le buffle
la hyène
le phoque
l'otarie

le caméléon
le bison
le flamant rose
l'ours polaire

128

le vautour

l'hippopotame
la gazelle
le lion
le crocodile
la girafe
le léopard
le zèbre
l'éléphant
le rhinocéros
la savane
le perroquet

le kangourou
l'autruche
le désert

le toucan
le singe
le gorille
la panthère
l'orang-outan
le tigre
la jungle

le morse
le pingouin
les glaciers

32 Le monde animal

Un animal extraordinaire

— Monsieur, vous m'entendez ? Je suis Madame Lebrun.
— Je vous entends Madame Lebrun, que se passe-t-il ?

— Je viens de voir passer un animal jamais vu auparavant, juste devant l'immeuble !
— Vraiment ? Où ? Décrivez-le-moi…

— Je crois que c'est un animal de montagne ! Son museau ressemble au bec d'un aigle, mais cet animal est aussi gros et poilu qu'un ours !
— Quelles sont ses caractéristiques ?

— On dirait qu'il a des pattes d'éléphant… mais il a l'expression cruelle d'un crocodile. Je vous assure Monsieur, il fait vraiment peur !
— Je vous crois Madame ! L'animal est en train de faire quelque chose de bizarre ?

— Il me regarde et il est très en colère ! On dirait qu'il veut m'attaquer.
— Ne paniquez pas et continuez à me le décrire.

— Il a une peau de serpent !
— Alors cela pourrait être un animal qui vit dans le désert, et non pas à la montagne.

— Ou peut-être vient-il du Pôle… il est chauve comme un phoque et il a les défenses d'un morse.
— C'est impressionant !

— Absolument !
— Heu… mais où êtes-vous Madame ?

— À l'entrée Monsieur.
— Mais alors, vous venez de voir mon déguisement de carnaval !!

En plus...

Parties de l'animal

l'aile — les pattes — les oreilles — le bec

les sabots — la fourrure — le museau — les bois

les griffes — la queue — les défenses — la crinière

Expressions idiomatiques

Avoir mangé du lion
(Être très courageux)
Ce pompier a mangé du lion ! Il est entré dans l'immeuble en flammes pour sauver les personnes.

Verser des larmes de crocodile
(Pleurer de manière hypocrite)
Arrêtez de verser des larmes de crocodile, c'est vous qui avez créé cette situation !

Courir comme un zèbre
(Courir très vite)
La police a surpris le voleur qui s'est mis à courir comme un zèbre.

Faire l'autruche
(Refuser d'affronter un problème)
Ne fais pas l'autruche... affronte la situation une fois pour toutes !

Détails

Les traces d'un animal

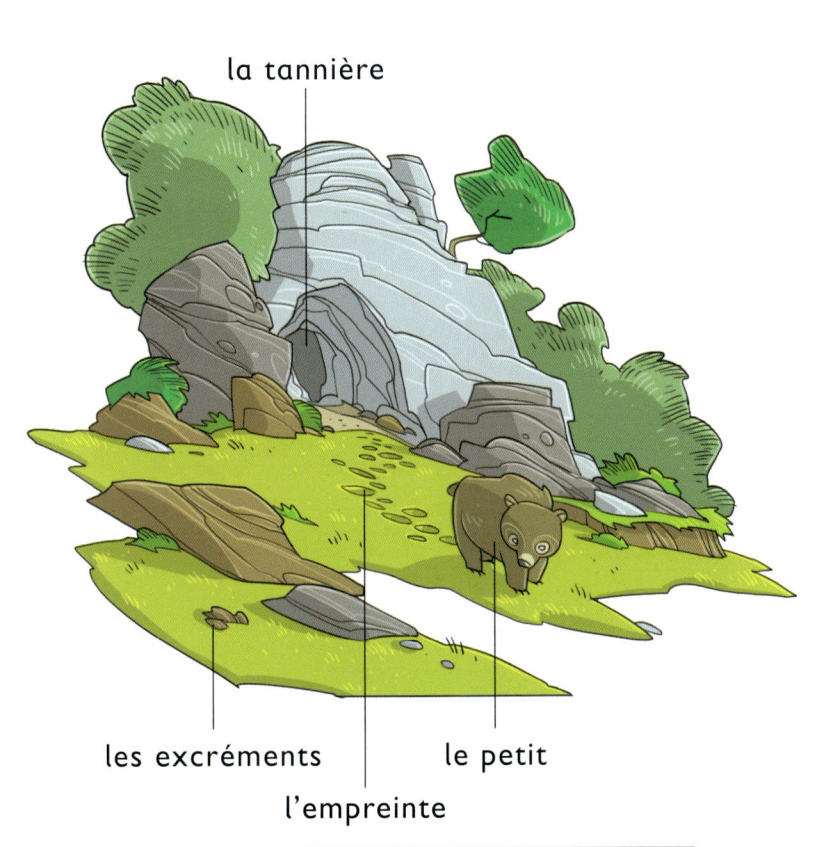

la tannière — les excréments — l'empreinte — le petit

Activités numériques interactives

33 Les animaux marins

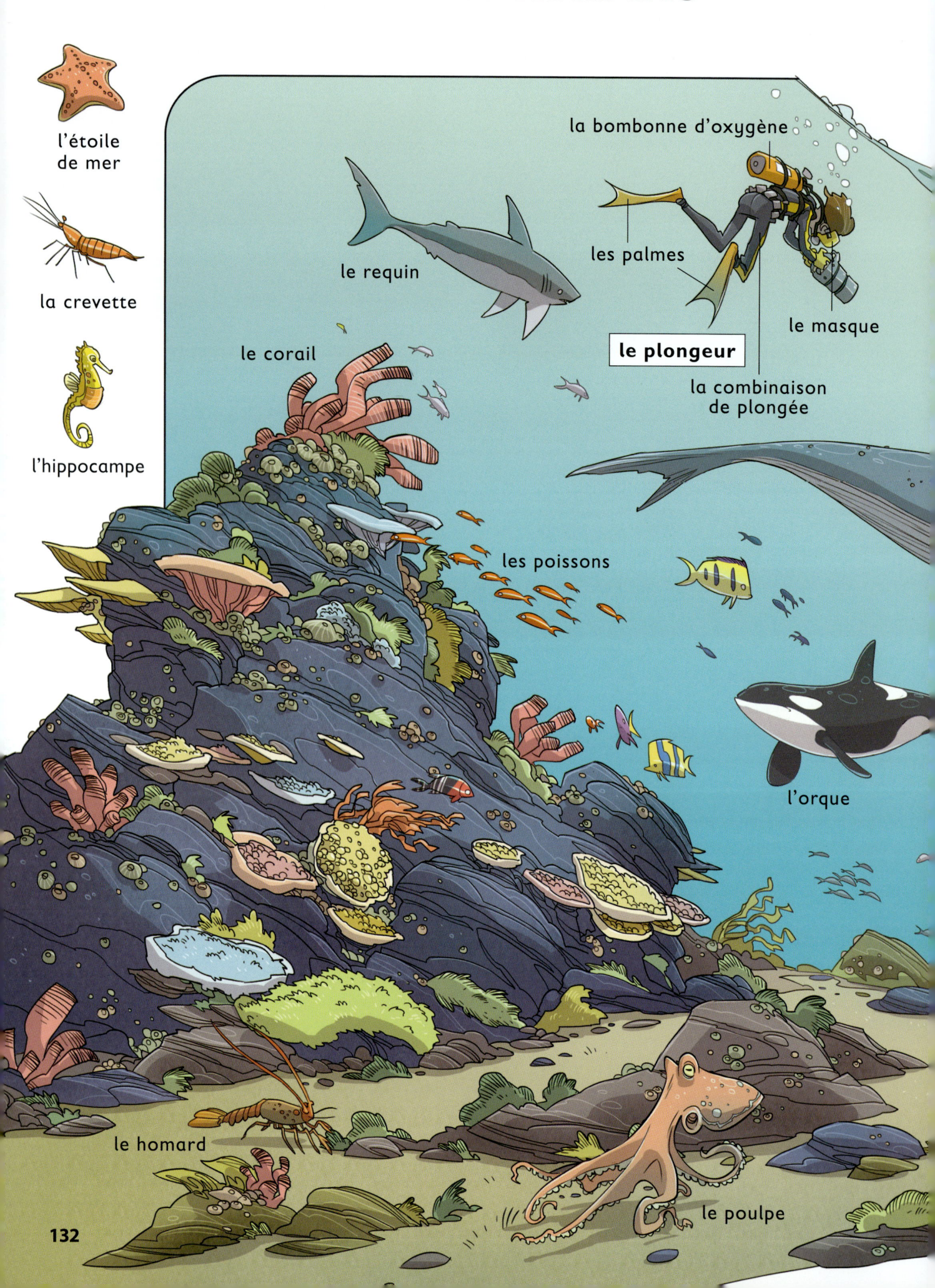

- l'étoile de mer
- la crevette
- l'hippocampe
- la bombonne d'oxygène
- le requin
- les palmes
- le masque
- **le plongeur**
- le corail
- la combinaison de plongée
- les poissons
- l'orque
- le homard
- le poulpe

132

le calamar — l'oursin — la raie — le crabe — la murène

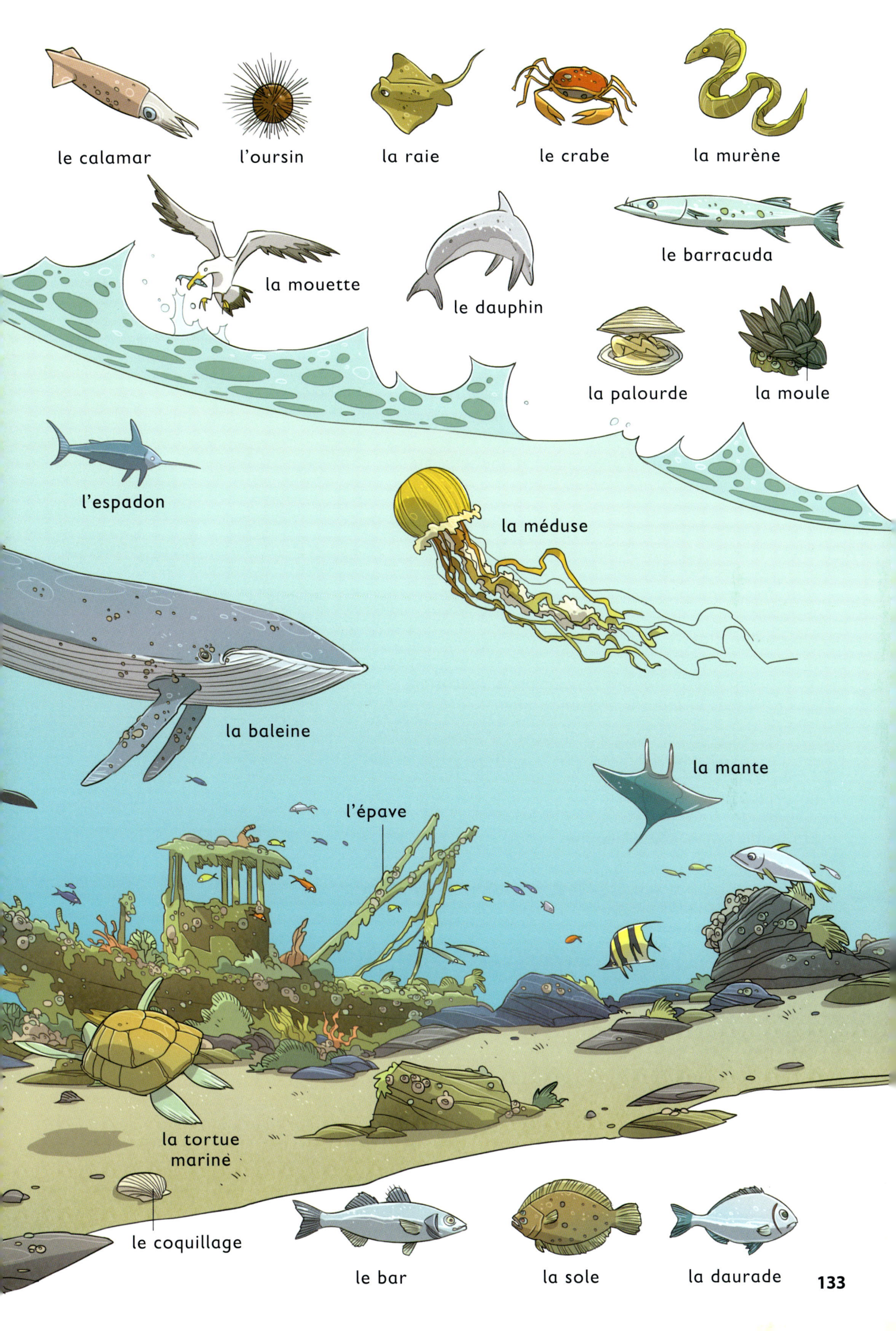

la mouette — le dauphin — le barracuda

la palourde — la moule

l'espadon

la méduse

la baleine

la mante

l'épave

la tortue marine

le coquillage — le bar — la sole — la daurade

133

En plus...

L'environnement marin

l'île — la baie — la plage — le sable

les galets — l'écueil — les vagues — la grotte

la côte — le fond marin — la barrière corallienne — les algues

Expressions idiomatiques

Se sentir comme un poisson dans l'eau
(Être dans son élément)
Maurice aime enseigner le français, il se sent comme un poisson dans l'eau.

Rire comme une baleine
(Rire à bouche grande ouverte)
Je me promenais dans la rue et je suis tombé dans un trou... un passant s'est mis à rire comme une baleine au lieu de m'aider à me relever.

Avoir des oursins dans les poches
(Être avare)
Quand nous sortons, Nathalie ne paie jamais à boire... elle a des oursins dans les poches.

Ce n'est pas la mer à boire
(Ce n'est pas grave)
J'ai raté mon train, tant pis ! Ce n'est pas la mer à boire !

Détails

Les parties des poissons, des crustacés et des mollusques

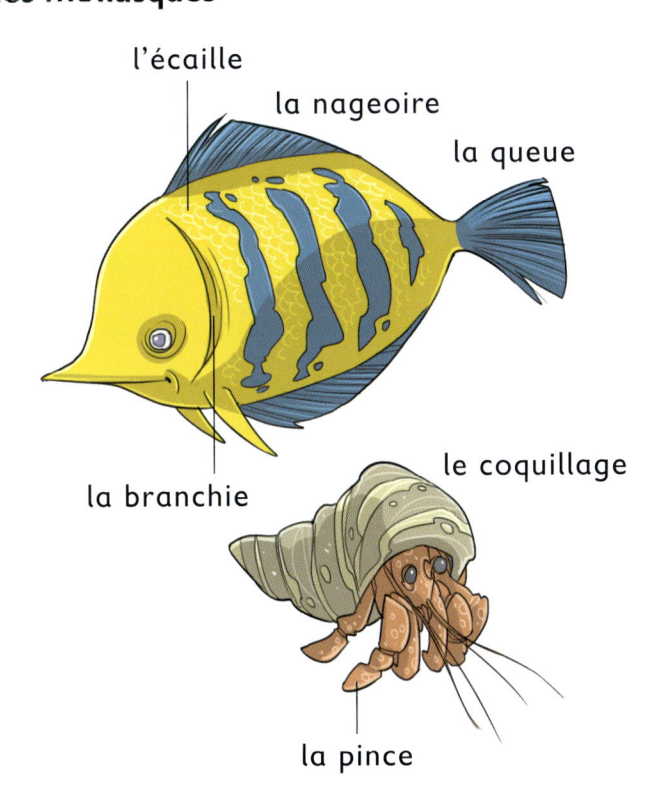

l'écaille — la nageoire — la queue — la branchie — le coquillage — la pince

Activités numériques interactives

34 La protection de l'environnement

les désherbants

la pollution des eaux

la benne à ordures

la balayeuse

l'agent de propreté urbaine

la poubelle

136

la fumée

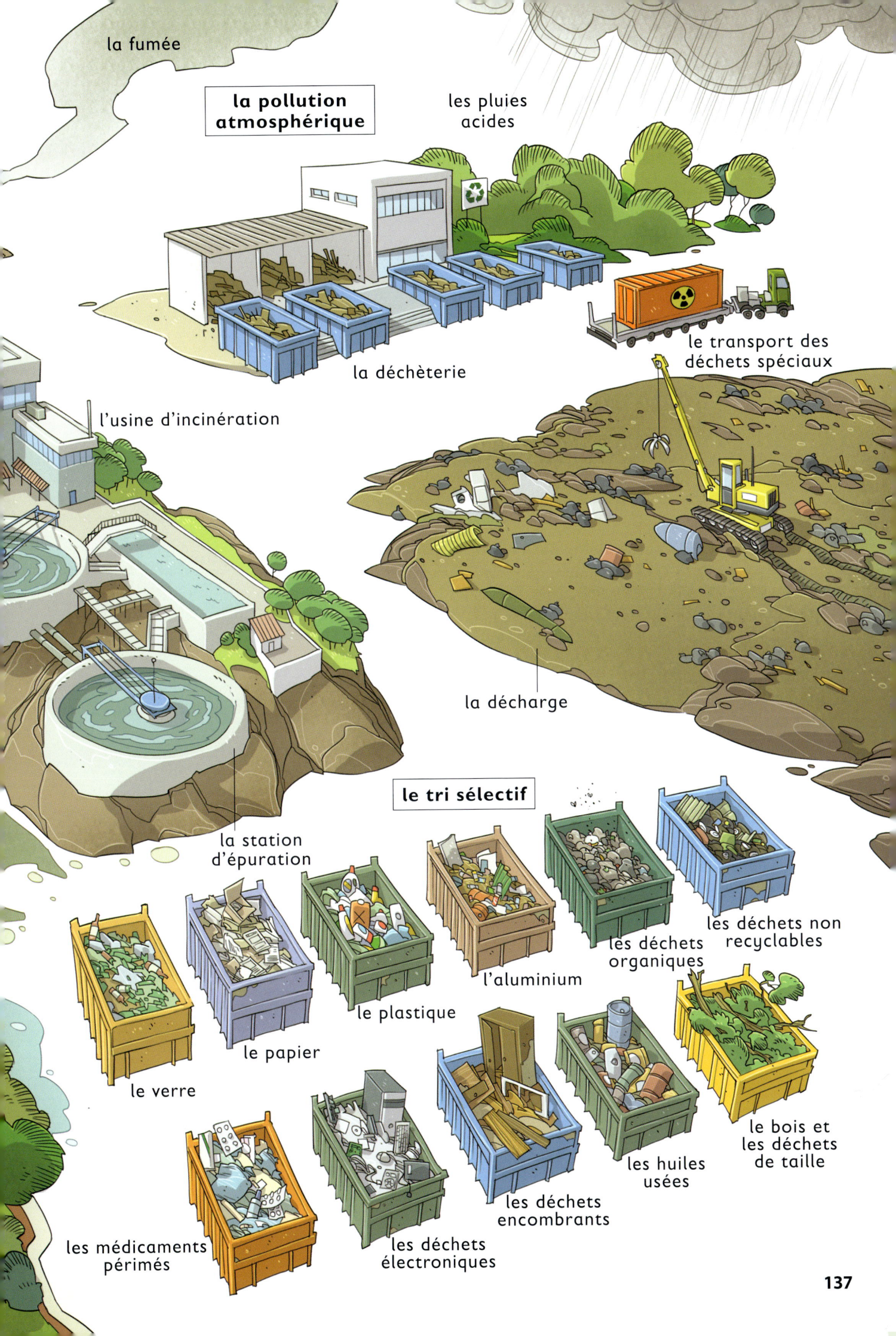

la pollution atmosphérique

les pluies acides

la déchèterie

le transport des déchets spéciaux

l'usine d'incinération

la décharge

la station d'épuration

le tri sélectif

les déchets non recyclables

les déchets organiques

l'aluminium

le plastique

le papier

le verre

le bois et les déchets de taille

les huiles usées

les déchets encombrants

les déchets électroniques

les médicaments périmés

137

34 La protection de l'environnement

Du bruit... au milieu des poubelles 🔊 ▶

— Il y a quelqu'un dans le jardin... j'ai entendu du bruit...
— Heu... Madame Rose, c'est moi !

— Monsieur Blanc ! Qu'est-ce que vous faites, en pleine nuit, au milieu des poubelles du tri sélectif de l'immeuble ?
— J'ai fait une bêtise, Madame Rose. Sans le faire exprès, j'ai jeté des papiers très importants. J'étais en train de chercher dans le bac du papier.

— Mais vous auriez dû me le dire ! Les concierges sont là pour ça : ne vous inquiétez pas... demain matin, quand il fera jour, je vous aiderai à les retrouver.
— Mais... dans le noir je me suis trompé et j'ai mélangé le papier, le plastique et les métaux.

— Ne vous inquiétez pas : demain matin, avant l'arrivée de la benne à ordures, je remettrai tout en ordre.
— Oui, mais... le problème, c'est que j'ai aussi renversé tous les déchets organiques...

— Mais Monsieur Blanc, vous êtes vraiment maladroit !
— Je suis désolé... et malheureusement des déchets sont tombés dans la station d'épuration.

— Voilà ! Maintenant je suis obligée d'appeler l'assistance pour le réparer.
— Heu... il vaut mieux appeler l'assistance de l'incinérateur aussi.

— Et pourquoi donc ?
— Parce que des papiers sont tombés dedans et je l'ai éteint... mais je n'arrive plus à le rallumer.

— Monsieur Blanc, ne vous inquiétez pas et rentrez chez vous. Je m'occupe de tout !
— Mais vous êtes formidable, Madame Rose !

— Non ! C'est simplement parce que je ne veux pas que vous vous approchiez des déchets spéciaux ! Vous êtes déjà assez dangereux comme ça !!

En plus...

Les matériaux recyclables

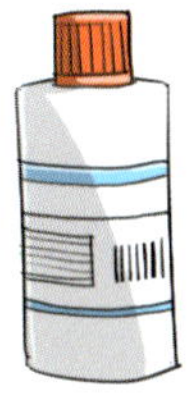

le flacon  — le panier  — la capsule/le bouchon  — le pot en verre

le cahier  — le magazine  — le quotidien  — le sachet en papier

la boîte 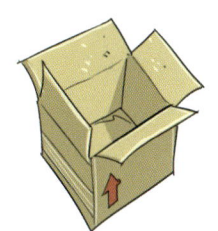 — le carton  — la bouteille en plastique  — la cannette

Expressions idiomatiques

Être dans les petits papiers de quelqu'un
(Être soutenu par quelqu'un)
Je suis sûr que mon patron va me donner une augmentation, je suis dans ses petits papiers.

Tourner autour du pot
(Hésiter à dire les choses)
Pauline doit avouer un truc à sa mère mais elle n'ose pas trop, elle tourne autour du pot.

Il y a un bouchon
(Quand il y a de la circulation)
Allô ! Ma chérie ! Je vais rentrer tard, je suis bloqué sur l'autoroute. Il y a un bouchon !

Mettre quelqu'un en boîte
(Se moquer de quelqu'un)
Son collègue la met souvent en boîte… et pourtant il sait qu'elle est très susceptible.

Détails

Les outils de l'agent de propreté urbaine

la poubelle — l'ensemble de pluie — la pelle — les gants — le balai

Activités numériques interactives 139

35 Les étoiles et les planètes

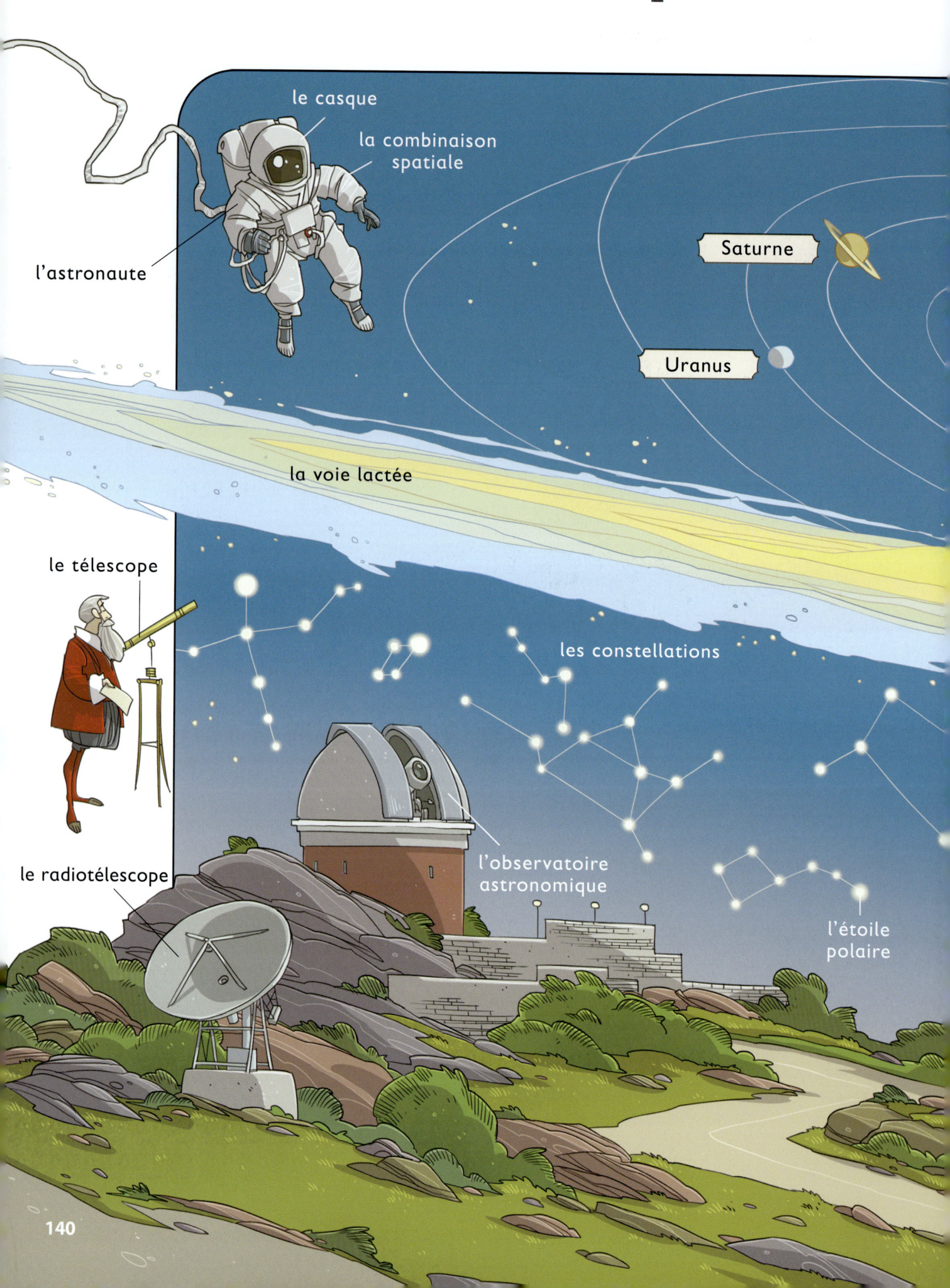

- le casque
- la combinaison spatiale
- l'astronaute
- Saturne
- Uranus
- la voie lactée
- le télescope
- les constellations
- le radiotélescope
- l'observatoire astronomique
- l'étoile polaire

la galaxie — le météorite — la planète — l'anneau — la comète

le système solaire

Pluton

l'étoile

l'éclipse solaire

Mercure
la Terre
le Soleil
Vénus
Mars
Jupiter

Neptune

l'astronome

le pôle

le méridien

la Lune

l'équateur

le satellite artificiel

le parallèle

le globe terrestre

la navette spatiale

141

35 Les étoiles et les planètes

Voyage dans l'espace

— « Je vois la Terre, elle est tellement belle* ! »
— Youri ? Encore cinq minutes et ça suffit comme ça !

— Je vois les pôles glacés ! Et les terres arides à côté de l'Équateur ! Mais maintenant je me déplace, je m'approche de la Lune...
— Youri ? Youri, réponds-moi !

— Je me promène dans le système solaire... maintenant je suis sur Mars, la planète rouge... et là-bas je vois Saturne avec ses anneaux !
— Youri, tu me réponds oui ou non ?

— Je suis occupé ! Je suis en train de sortir du système solaire, et je passe à côté de Pluton, mais... il y a une pluie de météorites, je dois faire attention ! Elles pourraient me toucher.
— Youri ? Trois minutes !

— Allô, ici la navette spatiale, j'appelle la Terre ! Vous n'avez pas idée de ce que vous ratez... les planètes qui tournent autour de leur orbite, les étoiles qui brillent dans le ciel... Mais maintenant je quitte la Voie Lactée : je veux observer notre galaxie ! Vous devriez venir faire un tour par ici ! Vu de loin, le soleil a l'air minuscule...
— Il ne te reste qu'une minute Youri, dépêche-toi ou c'est moi qui viens te chercher !

— Je rentre. Maintenant je passe à toute vitesse à côté d'Uranus... là-bas au fond il y a Jupiter... elle est vraiment énorme cette planète ! Oh ! Une comète vient juste de me frôler ! C'est fantastique !
— Youri, assez joué ! Le dîner est prêt.

— D'accord, d'accord, j'arrive... mais quand je serai grand, j'aimerais bien aller dans l'espace !
— Pour le moment, va te laver les mains... pour l'espace tu as le temps !

— Oui, c'est juré ! J'irai dans l'espace !

* Citation de Youri Gagarine, le premier homme qui est allé dans l'espace.

En plus...

Les phases lunaires

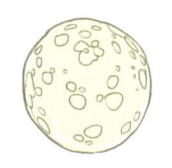

la pleine lune 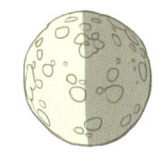 · la demi-lune 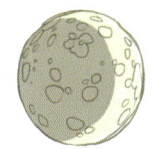 · le croissant de lune 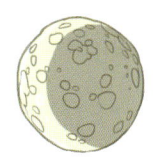 · la lune gibbeuse décroissante

La technologie spatiale

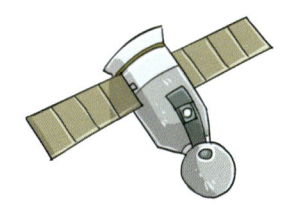

la navette spatiale 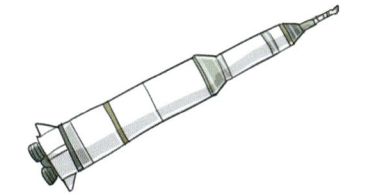 · la fusée  · l'orbiteur

la base de lancement 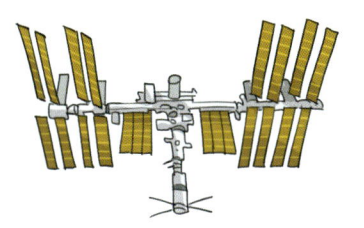 · la station spatiale 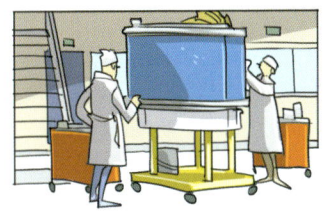 · le laboratoire spatial 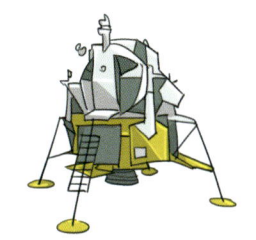 · le module lunaire

Expressions idiomatiques

Être dans la lune
(Être distrait)
Cet élève n'écoute pas en classe, il est toujours dans la lune.

Tomber de la lune
(Être surpris par les événements)
Quand il m'a dit qu'il partait pour l'Australie, je suis tombé de la lune.

Dormir à la belle étoile
(Dormir en plein air)
En été, j'aime dormir à la belle étoile pour observer les constellations.

Partir comme une fusée
(Partir très vite)
Quand elle a dit à son mari qu'il devait faire la vaisselle, il est parti comme une fusée !

Détails

Au centre de la Terre

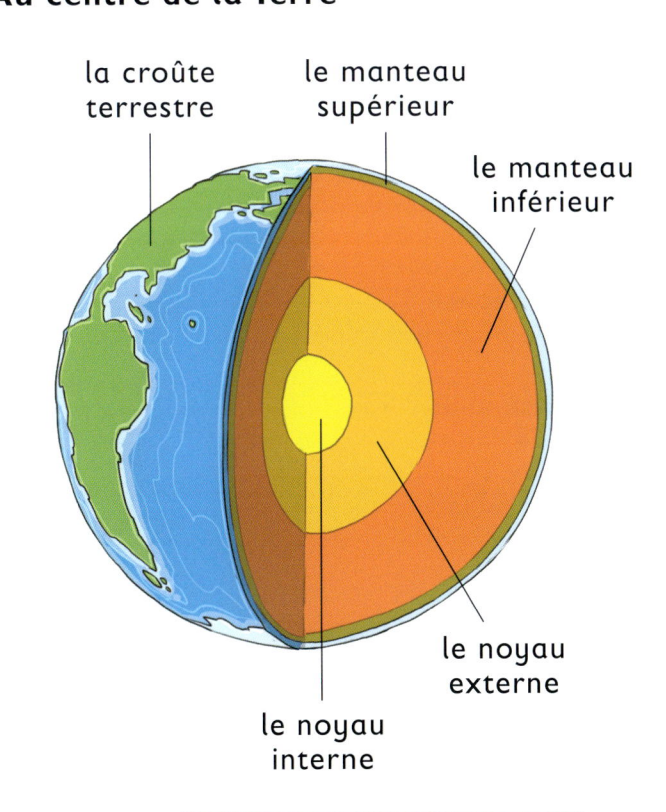

la croûte terrestre
le manteau supérieur
le manteau inférieur
le noyau externe
le noyau interne

Activités numériques interactives

Index alphabétique

▶ Index multimédia en ligne

A

abat-jour 3
abeilles 31
abricot 21
accès aux trains 23
accès interdit 22
accessoires 20
accessoires de voyage 25
accessoires du chien 6
accessoires pour les soins personnels 4
accordéon 15
accorder 15
acheter et vendre 19
acheter un billet 23
acteur 13, 14
actions à l'ordinateur 17
actions et fleurs dans le jardin 7
actions en cuisine 2
actions liées à la musique 15
actions quotidiennes 4
activités à la ferme 31
actrice 14
addition 11
adresse électronique 10
adresse postale 10
adulte 5
aéroport 24
affiche 14
Afrique 25
agence de voyages 25
agent de police 13
agent de propreté urbaine 13, 14
agent immobilier 13
agneau 31
agrafeuse 10
agriculteur 31
aigle 32
aiguille 13
ail 21
aile 24, 32
aire archéologique 25
aisselle 26
à la poussière 27

algues 33
alimentaires 27
aller à la salle de sport 16
aller au cinéma 16
aller au stade 16
aller au théâtre 16
aller dans la salle d'attente 23
allergies 27
allumer 15
allumer le gaz 6
aluminium 34
amande 21
ambulance 27
Amérique centrale 25
Amérique du Nord 25
Amérique du Sud 25
ameublement 19
amplificateur 15
ampoule 3
ananas 21
ancre 22
âne 31
animalerie 19
animation 25
animaux admis 25
animaux du bois 30
anneau 35
anneaux 28
annonces d'offre d'emploi 10
annulaire 26
anorak 20
antenne 17
antenne télé 1
août 29
appareil photo 17, 25
appartement 1
applaudir 15
app pour acheter en ligne 17
appuie-bras du canapé 3
après-midi 29
aquarelles 9
aquarium 25
araignée 30
arbitre 28
arbre 7
arc-en-ciel 29

archipel 25
architecte 13
argent 19
armoire 4, 9
arrêt de l'autobus 8
arrivée 28
arrivées 23, 24
arroser 7
arrosoir 7
artichaut 21
articles ménagers 19
articles sportifs 19
artisans 13
artistes 13
arts plastiques 9
as 16
ascenseur 12, 24
Asie 25
asperge 21
aspirateur 6
assiette creuse 3
assiette plate 3
assistant réalisateur 18
assistants de vol 24
astronaute 35
astronome 35
atterrissage 24
aube 29
aubergine 21
au pollen 27
auteur 9
autobus 22
automne 29
autruche 32
aux insectes 27
aux poils d'animaux 27
avalanche 29
avant-bras 26
avion 24
avocat 21
avocate 13
avoir peur 18
avril 29

B

babysitter 13
backgammon 16
bagages 12, 23
bagagiste 12
bague 20
baguette 15
baie 33
baignoire 4, 12
bain moussant 4
balai 6, 34
balance 2, 4, 21
balayer 6
balayeuse 34
balcon 1
baleine 33
balle 28
ballet 14
banane 21
banc 8
bande 27
banlieue 8
banque 8
bar 12, 33
barbe 26
barque à rames 22
barracuda 33
barres parallèles 28
barrière corallienne 33
base 3
baseball 28
base de lancement 35
basket 28
baskets 20, 28
basse 15
bassin 26
bassine 6
bassiste 15
bateau à moteur 22
bateau à voile 22
bateau de croisière 22, 25
bateau pneumatique 22
bâtons de randonnée 30
bâtons de ski 28
batterie 15
batteur 15
battre (les œufs) 2
baume après-shampooing 4
bébé 5
bec 32
bêcher 31
benne à ordures 34
béquille 27
béret basque 20
bergerie 31
bibelot 3

bibliothécaire 13
bibliothèque 3, 8, 9, 10
bière 11
bijouterie 19
billet 25
billet de banque 19
billet de train/ticket
    d'autobus 23
billeterie 23
billeterie automatique 23
bison 32
blanchisserie 12
blé 31
blessure 27
bobsleigh 28
bocal 2
bogue 30
bois 30, 32
bois et déchets de taille 34
bois et montagne 32
boissons 11
boîte 34
boîte aux lettres 1
bombonne d'oxygène 33
bonnet 12
bonnet de bain 4
bottes 20
bottes en caoutchouc 20
bouche 26
boucles d'oreilles 20
bouée de balisage 22
bougie 3, 5
bouilloire 2, 12
boulanger 13
boulangerie 19
boulevard 8
bouquetin 32
bourgeon 7, 21
bouteille 3
bouteille en plastique 34
bouton 20
bouton Marche / Arrêt 18
boxe 28
boxer de bain 20
bracelet 20
brancard 27
branche 7
brancher la prise 6
branchie 33
bras 26
brebis 31
bretelles 20
bride 31
brocoli 21
broder 16
brosse 4
brosse à dents 4

brosser 6
brouette 7
brouillard 29
brûlure 27
buffle 32
buisson 7
bureau 1, 9, 10, 17
bureau de poste 8
bureau des renseignements
    23, 24
but 28

C

cabine 22
cabine d'essayage 19
cabine passagers 24
cable électrique 17
cacahuète 21
cadeau 5
cadre du tableau 3
café 8, 11
cafetière 2, 12
caftan 20
cageot 7, 21
cahier 9, 34
cailloux 7
caisse de résonance 15
caisse enregistraise 19
caissière 19
calamar 33
calculatrice 9, 10
calendrier 9, 10, 17
caméléon 32
caméra 8, 18, 23, 25
caméraman 18
camion 22
camping 30
camping-car 22, 30
canal 8
canapé 3
canapé-lit 3
canard 31
caneton 31
cannette 34
canoë 22, 28
cantine 9
capsule/bouchon 34
car 22
carafe 3
caravane 30
cardigan 20
cardiologue 27
cargo 22
carnaval vénitien 14
carotte 21

145

carreau 16
carte de crédit 19
carte d'embarquement 24
carte de visite 10
carte de vœux 5
carte des vins 11
carte géographique 9
cartes 16
carte SIM 17
carton 34
cascade 25
casque 17, 22, 35
casquette 20, 30
castor 32
cave 1
cédérom 17
cédez le passage 22
ceinture 20
ceinture de sécurité 22, 24
céleri 21
centre-ville 8
centre commercial 8
centre de bien-être 12
centre de la Terre 35
centres urbains 8
cerf 32
cerise 21
cerveau 26
chaîne 18
chaîne HiFi 17
chaise 3, 9
chaise haute 11
chaise pliante 30
chaise tournante 10
chaleur 29
chaloupe 22
chalutier 22
chambre à coucher 1, 4
chambre à lit double 12
chambre double 12
chambres 12
chambre simple 12
chameau 32
champignon 21, 30
changer une ampoule 6
chanter 15, 16
chanteur 15
chanteuse 13
chapeau 20
charger le lave-linge 6
charger le lave-vaisselle 6
chargeur 10, 17
chariot 19, 23
chariot à bagages 12, 23, 24
chat 17, 31
châtaigne 30

château 25
chaton 31
chaud 29
chauffeur de taxi 13
chaussettes 20, 28
chaussons de danse 14
chaussures 19
chaussures à lacets 20
chaussures à talons 20
chaussures de marche 20, 30
chauve-souris 30
chauve (être) 26
check-in (enregistrement) 24
check-in automatique 24
chef 12
chef de gare 23
chef de train 23
chef d'orchestre 14, 15
cheminée 1, 3, 22
chemise 10, 20
chemise de nuit 4
chemisette 20
cheval 16, 31
chevalet 15, 16
cheveux 26
cheveux blancs 26
cheveux courts et roux 26
cheveux frisés 26
cheveux longs et châtains 26
cheveux ondulés 26
cheveux poivre et sel 26
cheveux raides 26
cheville 26
chevilles 15
chèvre 31
chevreau 13
chien 31
chimie 9
chiot 31
chirurgien 27
chou-fleur 21
chou 21
chouette 30
choux de Bruxelles 21
chrysanthème 7
cil 26
cinéma 8, 16
cintre 4
cisaille 7
ciseaux 9
ciseaux pour les ongles 4
citron 21
citrouille 21
clarinette 15
classeur 10
clavier 15, 17

claviériste 15
clé 1
clé électronique 12
clé USB 10, 17
client 11, 12
clignotant 22
climatisation 12
clôture 31
club de golf 28
coccinelle 30
cocktail 11
code-barre 19
cœur 16, 26
coffre-fort 10, 12
coffre 22
coiffeur 13
coiffures 26
coin de la rue 8
col 20
colibri 32
collant 20
colle 9
collectionner des timbres 16
collègue 10
coller 17
collier 6, 20
combinaison de plongée 33
combinaison spatiale 35
comédie 14
comédie musicale 14
comète 35
commandant 24
commerçant 19
commissariat 8
commode 4
compartiment 23
compas 9
composteur 7
concert 15
concessionnaire 19
conducteur d'autobus 13
congélateur 2
congés 10
congés maladie 10
congés parentaux ou de
   maternité/paternité 10
connexion WiFi 12, 17
constellations 35
consulter les horaires 23
contacts 17
continents 25
contrebasse 15
contrat de travail 10
contrôle des bagages 24
contrôle des passeports 24
contrôleur 23

copier 17
coq 31
coquillage 33
coquille 21
cor 15
corail 33
corbeau 30
corbeille 9, 10, 19
corbeille à courrier 10
corbeille à pain 11
cordes 15
cornichon 21
corps de ballet 14
corps humain 26
costume 14, 20
côte 26, 33
coton 20, 27
cou 26
coucher de soleil 29
coude 26
coudre 6
coudre un bouton 6
couette 4
coulisses 14
couloir 1, 14, 23, 24
coupelle 3
couper 2, 17
couple 5
courgette 21
course 28
course de haie 28
cousin 5
cousine 5
cousins et cousines 5
coussin 3, 6
couteau 2, 3
couturière 13
couvercle 2
couvert 3
couverture 4, 9, 12
crabe 33
crane 26
crapaud 30
cravate 20
crayon à papier 9
crayon de couleur 9
crevette 33
cricket 30
crinière 32
crocodile 32
croisement 8
croissant de lune 35
croûte 2
croûte terrestre 35
crustacées 33
cuillère 2, 3

cuire 2
cuisine 1, 2, 12
cuisiner 6, 16
cuisinier 11
cuisse 26
cuivres 15
culotte 20
curling 28
curriculum vitae 10
cyclisme 28
cymbales 15

D

dame 16
danse contemporaine 14
danser 15, 16
danseur 14
danseuse 13, 14
dauphin 33
daurade 33
dé 16
débarrasser 6
débrancher la prise 6
décembre 29
décharge 34
déchèterie 34
déchets électroniques 34
déchets encombrants 34
déchets non recyclables 34
déchets organiques 34
décollage 24
décor 14
défenses 32
défilé du carnaval 14
degrés 29
déjeuner à bord 23
demander des
   renseignements 23
demi-lune 35
dentifrice 4
dentiste 27
dents 26
départs 23, 24
dépliant 25
dépoussiérer 6
dermatologue 27
derrière 26
descendre du train 23
descente de lit 4
désert 25, 32
désherbants 34
dessert 11
dessins animés 18
deuxième balcon 14

diététicienne 27
dimanche 29
dindon 31
directeur 10, 12
diriger 15
distribuer les cartes 16
distributeur automatique 8, 10
documentaire 18
doigts de la main 26
donner à manger au chien 6
dormir 4
dos 26
douane 24
douche 4, 12
doudoune 20
drap 4
drapeau 28
dresser la table 6
dromadaire 32
duty free 24

E

eau chaude 4
eau froide 4
eau pétillante 11
eau plate 11
ebook reader 17
écaille 33
écharpe 20
échecs 16
échelle 7
éclair 29
éclairagiste 14, 18
éclipse solaire 35
école 9
économe 2
écorce 7
écouter 15
écouter de la musique 16
écran 17, 24
écueil 33
écuelle 6
écureuil 30
éditeur/maison d'édition 9
éducation musicale 9
Éducation Physique et
   Sportive (EPS) 9
effacer un fichier 17
église 25
élastique 10
électricien 13
électroménagers 19
éléphant 32
élève 9

147

éleveur 31
embauche 10
émission de cuisine 18
émission musicale 18
emplacement pour voiture 12
employée de bureau 10
employeur 10
empreinte 32
en-dessous de zéro 29
enceintes 15, 17
engrais 7
enregistrement en direct 18
enseignant 9
enseigne 19
ensemble de pluie 34
entrée 1, 11, 14, 19
entrepreneur 13
enveloppe 10
environnement marin 33
envoyer un mail 17
épaule 26
épave 33
épinards 21
épine 7
épine dorsale 26
épingle à linge 6
épingle à nourrice 13
épingles 13
éplucher 2
éponge 2, 4
épouvantail 31
équateur 35
équerre 9
équitation 28
éruption volcanique 29
escabeau 6
escalator 23, 24
escalier 1, 8, 24
escargot 30
escrime 28
espaces urbains 8
espadon 33
essuie-glace 22
essuie-tout 2
essuyer 6
est 25
esthéticienne 13
estomac 26
estrade 15
étable 31
étagère 3, 19
étang 7
étapes de la vie 5
été 29
étiquette 21
étoile 35

étoile de mer 33
étoile polaire 35
étoiles et planètes 35
étriers 31
Europe 25
éventail 14
évier 2
excréments 32

F

factrice 13
faire de la poterie 16
faire des achats 19
faire du bricolage 16
faire du jardinage 16
faire du modélisme 16
faire du sport 28
faire la vaisselle 6
faire les courses 6
faitout 2
famille 5
fauteuil 3
fauteuil roulant 27
femme 5
femme de chambre 12
fenêtre 1, 22, 23
fenouil 21
fer à repasser 6
ferme 31
fermer la fenêtre 6
fermeture Éclair 20
fertiliser 31
fête d'anniversaire 5
feuille 7, 9, 10, 21
feutre 9
feux de circulation 8
février 29
fiancé 5
fiancée 5
fièvre 27
figue 21
fil 13
filet 28
fille 5
film alimentaire 2
film comique 18
film d'aventure 18
film de science-fiction 18
film policier 18
film romantique 18
fils 5
flacon 34
flamant rose 32
flan 11

flèches 17
fleur 7
fleuriste 13, 19, 23
fleuve 25
flûte à bec 15
flûte traversière 15
foie 26
fond marin 33
fontaine 8
fontaine à eau 10
football 28
fosse d'orchestre 14
fou 16
fouet 2
foulure 27
four 2
fourchette 3
fourgon 22
fourmi 30
four micro-ondes 2
fourmilier 32
fourrure 32
foyer 14
fracture 27
fraise 21
framboise 21
frange 26
frein 22
frère 5
frères et sœurs 5
frire 2
frites 11
froid 29
front 26
fruits de saison 11
fruits et légumes 21
fruits secs 11
fumée 34
fuselage 24
fusée 35

G

galaxie 35
galets 33
gant isolant 2
gants 20, 28, 34
gants de jardinage 7
gants en caoutchouc 6
garage 1, 8, 12
garagiste 22
garçon 5
garde-boue 22
garde du corps 13
gare 23

gare routière 23
garniture 11
gâteau 5, 11
gâteaux 11
gazelle 32
gazon 7
gelée 29
genou 26
genouillères 28
géographie 9
gilet 20
gilet de sauvetage 24
girafe 32
glace 11
glacier 25
glaciers 32
glande 30
globe terrestre 35
golf 28
golfe 25
gomme 9
gorille 32
gouaches 16
gourde 30
gousse 21
gouttes 27
gouttière 1
gps 25
grain de raisin 21
graine 7
grand-mère/mamie 5
grand-père/papy 5
grands-parents 5
grange 31
gratte-ciel 8
grenouille 30
griffes 32
grille 8
grille-pain 2
griller 2
gros orteil 26
grosse caisse 15
grotte 33
guêpe 30
guichet automatique 19
guide touristique 13, 25
guidon 22
guitare acoustique 15
guitare électrique 15
guitare sèche 15
guitariste 15
gymnastique artistique 28

H

habillement 19
habillement sportif 28
haie 7
hall 12
hamburger 11
hameau 8
hangar à outils 7
haricots 11
haricots verts 21
harpe 15
hélicoptère 24
herbe 7
hibou 30
hijab 20
hippocampe 33
hippopotame 32
hirondelle 31
histoire 9
hiver 29
hockey sur glace 28
homard 33
homme 5
homme politique 13
hôpital 8, 27
horloge 9, 10, 23
hors-d'œuvre 11
hôtel 8, 12, 25
hôtesse de l'air 24
hotte 2
houe 7
housse de couette 4
hublot 22, 24
huile 11
huiles usées 34
humidité 29
hyène 32

I

iceberg 25
île 25, 33
immeuble 1, 8
imperméable 20
imprimante 10, 17
imprimer 17
incendie de forêt 29
index 26
infirmière 27
informaticien 13
informatique 9
ingénieur 13
ingénieur du son 18
inondation 29

instruments du primeur 21
interdiction de stationner 22
interdiction de tourner à
    droite 22
interphone 1
interprète 13
intestin 26
invités 18
iris 7
irrigateur 7

J

jacinthe 7
jambe 26
janvier 29
jardin 1
jardinage 7
jardinier 7
jean 20
jerrican 30
jeu de cartes 16
jeu de dames 16
jeu de domino 16
jeu de table 16
jeu télévisé 18
jeu vidéo 17
jeudi 29
jilbab 20
joindre un fichier 17
joker 16
joue 26
jouer 15
jouer aux cartes 16
jouer aux échecs 16
jouer aux jeux vidéo 16
jouer d'un instrument 16
jouets 19
jour 29
journaliste 13
journal télévisé 18
jours 29
judo 28
juge 13
juillet 29
juin 29
jumelles 30
jungle 25, 32
jupe 20
Jupiter 35
jus 21

K

kangourou 32
kayak 28
kiosque à journaux 19, 23
kiwi 21
koala 32

L

laboratoire 9
laboratoire spatial 35
labourer 31
lac 25
laine 20
laisse 6
laitue 21
lama 32
lampadaire 3, 8
lampe 3, 30
lampe de bureau 17
lampe de chevet 4
lancer du disque 28
lancer du javelot 28
lancer du poids 28
langue 26
langue vivante 9
lapin 31
lavabo 4
lave-vaisselle 2
laver 2
laver à la main 6
laver le sol 6
légumes 11
légumes secs 11
léopard 32
levier de vitesse 22
lèvres 26
lézard 30
libellule 30
librairie 19, 23
licenciement 10
lièvre 30
limace 30
lime 4
limite de vitesse 22
lingerie 19
lion 32
liquide vaisselle 2
lire 16
lire la partition 15
lit 4
livre 9
livreur 10
location de voitures 23

loge 14
logo 10
lombric 30
lorgnette 14
louche 2
loup 32
lucarne 1
luge 28
lumières 14, 18
lundi 29
Lune 35
lune gibbeuse décroissante 35
lunettes de soleil 20
lunettes de vue 20
lustre 3
lutte 28

M

machine à coudre 13
maçon 13
magasin 8, 19
magasin de vêtements 20
magazine 34
mai 29
mail 17
maillot 28
maillot de bain (une pièce) 20
maillot de corps 20
main 26
mairie 8
maïs 31
maison 1
maison bi-familiale 1
maison individuelle 1
maison mitoyenne 1
maître de bain 13
maître d'hôtel 11
majeur 26
mal de dents 27
mal d'estomac 27
mal de gorge 27
mal de tête 27
mallette 20
manche 15, 20
mandarine 21
manique 2
mannequin 13, 19
mansarde 1
mante 33
manteau 20
manteau inférieur 35
manteau supérieur 35
mappemonde 9
Marc 5

marche 1
mardi 29
mari 5
marié 5
mariée 5
marmite 2
maroquinerie 19
mars 29
Mars 35
masque 14, 33
masque à oxygène 24
matelas 4, 30
matériaux recyclables 34
matériel de camping 30
mathématiques 9
matières scolaires 9
matin 29
médaille 28
médecin 27
médicaments 27
médicaments périmés 34
méduse 33
mélanger les cartes 16
melon 21
menton 26
menu 11
menu végétarien 11
menuisier 13
mer 25
mercredi 29
Mercure 35
mère/maman 5
méridien 35
météo 18
météorite 35
métiers 13
mètre 13
métro 8
métropole 8
metteur en scène 13
meuble 3
meuble-vitrine 3
micro 15, 17, 18
mie 2
miettes 2
mikado 16
mille-pattes 30
mime 14
mini-frigo 12
minuterie 2
miroir 4
mixer 2
mixeur 2
mixeur à immersion 2
mobile 17
modem 17

module lunaire 35
moineau 30
mois 29
mollet 26
mollusques 33
monde animal 32
monde marin 33
monologue 14
montagne 25
monter à cheval 31
monter dans le train 23
montre 20
monument 8
moquette 3
mors 31
morse 32
mosquée 25
moteur 22, 24
moto 22
mots croisés 16
mouche 30
mouette 33
moule 33
mousse à raser 4
mousseux 11
moustache 26
moustique 30
moyens de transport 22
mug 3
mules 4, 12
mur 1
mûre 21
murène 33
muscles 26
museau 32
musée 8, 25
musicien 13, 15
musique 15
myrtille 21

N
nageoire 33
nappe 3
narcis 7
natation 28
natation synchronisée 28
navette 24
navette spatiale 35
navigateur 17
neige 29
nénuphar 7
Neptune 35
nettoyer 6
nettoyer les vitres 6

nez 26
niche 6
nid 30
noisette 21
noix 21
noix de coco 21
nombril 26
nord 25
nord-est 26
nord-ouest 27
notes de musique 15
nourrir les animaux 31
novembre 29
noyau 21
noyau externe 35
noyau interne 35
nuages 29
nuit 29
numéro 1
numéro de la chambre 12
numéro de téléphone 10

O
objets utiles à la maison 6
obligation de tourner à droite 22
observatoire astronomique 35
Océan Antarctique 25
Océan Arctique 25
Océan Atlantique 25
Océan Indien 25
Océan Pacifique 25
Océanie 25
océans 25
octobre 29
oculiste 27
œil 26
œillet 7
œuf 30, 31
œufs 11
oie 31
oignon 21
oncle 5
oncles et tantes 5
ongle 26
opticien 19
orage 29
orang-outan 32
orange 21
orbiteur 35
orchestre 15
ordinateur 9, 10, 17
oreille 26
oreiller 4, 12

oreilles 32
oreillette 17
oreillettes 24
orque 33
orteils 26
orthopédiste 27
os 26
otarie 32
ouest 25
ouragan 29
ours 32
oursin 33
ours polaire 32
outils de l'agent de propreté urbaine 34
ouvre-bouteille 2
ouvreuse 14
ouvrier 13
ouvrir la fenêtre 6

P
page 9
paillasson 1
pain 2
palais 25
palette 16
palmes 33
palourde 33
pamplemousse 21
panda 32
panier 21, 34
panier à linge 4
panneau routier 8
panneau solaire 1
panneaux routiers 22
pansement 27
pantalon 20
panthère 32
papaye 21
papeterie 19
papier 34
papier aluminium 2
papier hygiénique 4
papier sulfurisé 2
papillon 30
parallèle 35
parapluie 20
parc 8
parc animalier 25
parc d'attractions 25
parcmètre 8
parc safari 25
pare-chocs 22
parents 5

151

parfumerie 19
parking 8, 22, 24
parquet 3
parties de l'animal 32
partir en retraite 10
partition 15
passage pour piétons 8, 22
passage souterrain 23
passager 23
passeport 24
passerelle 24
passerelle aéroportuaire 24
passer l'aspirateur 6
passoire 2
pastèque 21
pâtes 11
patient 27
patinage artistique 28
patinage artistique sur roulettes 28
patinage de vitesse 28
patins à glace 28
pâtisserie 19
patte 32
peau 26
peau de banane 21
pêche 21
pêcheur 13
pédale 22
pédiatre 27
pédoncule 21
peigne 4
peignoir 4, 12
peindre 16
peintre 13
pelle 7, 34
pendre le linge 6
péninsule 25
pépin 21
perche 18
percussions 15
père/papa 5
perforeuse 10
perfusion 27
perroquet 32
perruque 14
personne âgée 5
personnel d'un hôtel 12
peser 2
pétale 7
petit 32
petit doigt 26
petit garçon 5
petite cuillère 3
petite fille 5
petite passoire 2

petits pois 21
pétrolier/navire-citerne 22
phare 22
pharmacie 19
phases lunaires 35
phénomènes naturels 29
phoque 32
photocopieuse 10
photographe 13
photographier 16
piano 15
pic 30
pichet doseur 2
pièce 1
pièce de monnaie 19
pièce d'identité 12
pied 3, 26
pigeon 31
pignons 30
pilote 24
pince 33
pinceau 9, 16
pincettes 4
pingouin 32
pion 16
pique 16
piqûre d'insecte 27
piscine 12
pistache 21
piste 24, 28
piste cyclable 8, 22
pizza 11
placard 2
place 8
plafond 1
plage 33
plaid 4
planche à découper 2
planche à voile 28
planète 35
plante 3
plante grasse 7
planter 7
plaque de cuisson 2
plaque de four 2
plaque d'immatriculation 22
plastique 34
plate-bande 7
plateau de fromage 11
plateau de télévision 18
plat principal 11
plâtre 27
plats 11
pleine lune 35
pleurer 18
plier 6

plombier 13
plongeon 28
plongeur 33
pluie 29
pluies acides 34
Pluton 35
pneu 22
poche 20
poêle 2
poids lourd 22
poignet 26
points cardinaux 25
poire 21
poisson 11
poissons 33
poitrine 26
poivre 11
poivron 21
pôle 35
pollution atmosphérique 34
pollution des eaux 34
polo 28
pommade 27
pomme 21
pomme de pin 30
pomme de terre 21
pompier 13
pont 8, 22
porc 31
porc-épic 30
portable 10, 17
porte 1, 3, 24
porte-bagages 22, 23, 24
porte-crayons 10
porte-revues 3
porte d'embarquement 24
portefeuille 20
portière 22
portique de détection de métal 24
poser les bagages 23
post-it 10
poste de pilotage 24
pot 3, 7
potager 31
pot en verre 34
poubelle 2, 4, 34
poubelle de rue 8
pouce 26
pouf 3
poulailler 14, 31
poulain 31
poule 31
poulet 11
poulpe 33
poumon 26

poupe 22
pourboire 11
poussin 31
poutre 28
premier balcon 14
prendre un bain 4
prendre une douche 4
présentateur 18
présenter 15
presse-agrumes 2
presser 2
pressing 19
prévisions de circulation 18
primeur 21
printemps 29
prise 3
prix 19
problèmes de santé 27
proches 5
produits laitiers 11
professionnels 13
professions 13
programme 14, 18
programmes télévisés 18
projecteur 9
protection de
   l'environnement 34
proue 22
prune 21
publicité 18
pull 20
puma 32
punaise 10
pupitre 15
putois 30
puzzle 16
pyjama 4

Q

quartier 21
queue 24, 32, 33
queue de cheval 26
quotidien 34

R

racine 7
radar 24
radio 17, 27
radiotélescope 35
raie 33
raisin 21
ramasse-poussière 6

ramasser 6
rangée 14
ranger 6
râpe 2
raper 2
raquette de tennis 28
rasoir 4
rateau 7
rater un train 23
ratisser les feuilles mortes 7
raton laveur 30
réalisateur 18
réception 12
réceptionniste 12, 13
réchaud 30
récital 14
récolte 31
récolter 31
réduction 19
refaire le lit 6
réfrigérateur 2
regarder par la fenêtre 23
régie 18
règle 9
reine 16
renard 30
renne 32
rennes 31
réparer 6
repasser 6
requin 33
réseau social 17
restaurant 8, 11, 12, 23
retrait des bagages 24
réveil 4
rêver 4, 18
rhinocéros 32
rhume 27
rideau de scène 14
rideaux 3
rire 18
riz 11, 31
robe 20
robe de chambre 4
robinet 2, 4
robot de cuisine 2
robot de tonte 7
roi 16
rollers 28
rond-point 8
rosace 15
rose 7
roue 22
rouge-gorge 30
rouleau à pâtisserie 2
ruban adhésif 9, 10

ruche 31
rue 8
ruelle 8
rugby 28
ruisseau 30

S

s'amuser 18
s'endormir 18
s'ennuyer 18
sable 33
sabot 32
sac/porte-documents 10
sac à dos 9, 30
sac à main 20
sac à provisions 19
sac de couchage 30
sac poubelle 2
sachet biodégradable 21
sachet en papier 34
sage-femme 27
saisons 29
salade 11
salade de fruits 11
salaire 10
saler 2
salle 14
salle d'attente 23, 27
salle de bains 1, 4, 12
salle de conférence 12
salle de réunion 10
salle de sport 9, 16
salle des professeurs 9
salle fitness 12
salle à manger 1, 3
salon 1, 3
salon de coiffure 19
saluer le public 15
samedi 29
sandales 20
sarcler 31
sari 20
satellite artificiel 35
Saturne 35
sauces 11
saucisses 11
saut à la perche 28
saut de cheval 28
saut en hauteur 28
saut en longueur 28
sauterelle 30
sauvegarder 17
savane 25, 32
savonnette 4

153

saxophone 15
scanner 17
scène 14, 15
Sciences et Vie de la Terre (SVT) 9
scientifique 13
scooter 22
scorpion 30
scrabble 16
sculpteur 13
seau 6
seau à glace 11
sèche-cheveux 4
sécheresse 29
sécher ses cheveux 4
séchoir 6
se coiffer 4
sécurité pendant le vol 24
se fiancer 5
sel 11
se laver 4
se laver les dents 4
se lever 4
selle 22, 31
semaine 29
se maquiller 4
se marier 5
semer 31
sens unique 22
sentier 7
septembre 29
se raser 4
seringue 27
serpent 32
serpillière 6
serre 7, 31
serveur 11, 12
service des objets trouvés 24
service en chambre 12
serviette de table 3
serviette de toilette 4
serviettes de bain 12
se réveiller 4
se séparer 5
shampooing 4
short 20, 28
siège 14, 22, 23, 24
signe « Ne pas déranger » 12
silo 31
sinagogue 25
singe 32
sirop 27
site 10
ski 28
ski de fond 28
skis 28

snowboard 28
sœur 5
sœurs 5
soie 20
soir 29
sol 1
sole 33
soleil 29, 35
sonnette 1, 22
sortie de secours 14
sortir le chien 6
sortir les poubelles 6
soucoupe 3
soupe/potage 11
sourcil 26
souris 17, 31
soutien-gorge 20
spaghettis 11
spectacle de fin d'année 14
spectacles théâtraux et musicaux 14
spectateur 14
sport 18
sports 28
squelette 26
starting blocks 28
station d'épuration 34
station de taxi 8
station de vélos en libre-service 8
stationnement pour personnes à mobilité réduite 8
station spatiale 35
stéthoscope 27
steward 24
Stop 22
store banne 1, 19
styliste 13
stylo 9
sud 25
sud-est 25
sud-ouest 25
sudoku 16
suivre avec intérêt 18
suivre le rythme 15
supermarché 19
suricate 32
surligneur 9
sweat-shirt 20
synthétique 20
système solaire 35

T

t-shirt 20
table 3, 9
tableau 3, 9
tableau blanc interactif 9
tableau d'affichage 17, 23, 24
table à repasser 6
table basse 3
table de nuit 4
table pliante 30
table réservée 11
tablette 9, 10, 17, 23, 24
tablier 2
tabouret 9
tâches ménagères 6
taie d'oreiller 4
taille-crayon 9
taille 26
tailleur 20
talk-show 18
talon 26
tannière 32
tante 5
tapis 3, 4
tapis de bain 4
tapis roulant 24
tapisserie 3
tartine 2
tasse à café 3
taupe 30
taureau 31
taxi 22, 23, 24
technologie spatiale 35
téléspectateur 18
télé-crochet 18
télé-réalité 18
télécommande 3, 18
téléphone 10, 17
téléphonie et ordinateur 19
télescope 35
téléviseur 3, 12, 18
télévision 18
temple boudhiste 25
temps libre 16
tempête 29
tennis 28
tennis de table 28
tensiomètre 27
tente 30
terrasse 1
terrasse panoramique 12
terre 7, 35
tête 15, 26
texto 17
théâtre 8, 14, 16

thé vert 12
thermomètre 27, 29
thorax 26
ticket de caisse 19
tige 7
tigre 32
tir à l'arc 28
tire-bouchon 2
tiroir 2, 4
tissus 20
titre 9
toile 16
toilettes 23, 24
toit 1
tomate 21
tomber amoureux 5
tondeuse 7
tondre le gazon 7
tongs 20
torche 30
torchon 2
tornade 29
tortue 30
tortue marine 33
toucan 32
touche d'entrée 17
touche enregistrer 18
touche espace 17
touche majuscule 17
touche pause 18
touche supprimer/retour 17
toundra 25
tour 16
tour de contrôle 24
tournesol 31
toux 27
traces d'un animal 32
trachée 26
tracteur 31
tragédie 14
train 23
train d'atterrissage 24
traire 31
tram 8, 22
tranche 9
transport des déchets spéciaux 34
transporteur 13
travailler 10
travaux en cours 22
trèfle 16
tremblement de terre 29
tresse 26
triangle 22
tricoter 16
tri sélectif 34

trognon 21
trombone 10, 15
trompette 15
tronc 7
trottoir 8
trousse 9
trousse de secours 27
truelle 7
tsunami 29
tulipe 7
turban 20
tuyau d'arrosage 7
tymbales 15

U
université 8
Uranus 35
usine d'incinération 34

V
vache 31
vagues 33
valet 16
valider un billet 23
valise 23
valise à roulettes 23
vase de fleurs 3
vautour 32
veau 31
veine 26
vélo 22
vendeur 19
vendredi 29
vent 29
ventilateur 17
ventre 26
vents 15
Vénus 35
ver 30
verger 7
verre 3, 34
veste 20
vestiaire 14
vétérinaire 31
viande 11
village 8
village touristique 25
ville 8, 25
vinaigre 11
vin blanc 11
vin rouge 11
violon 15

violoncelle 15
visage 26
vitrine 19
voie 23, 28
voie lactée 35
voiture 22
volant 22
volcan 25
volley-ball 28
volume 18
voyager 16, 23, 25
voyager en train 23
voyageur 23
voyagiste 25

W
wagon 23
wagon-restaurant 23
water-polo 28
wc 4
webcam 17
week-end 29

Y
yacht 22
yeux 26
yeux bleus 26
yeux marron 26
yeux noirs 26
yeux verts 26

Z
zèbre 32
zone commerciale 8
zone industrielle 8
zone piétonne 8
zone résidentielle 8

Index des expressions idiomatiques

🔊 Index multimédia en ligne

LA MAISON

1 La maison
Jeter l'argent par les fenêtres
Mettre la clé sous la porte
Rester entre quatre murs
Être au pied du mur

2 La cuisine
Un dur à cuire
En faire tout un plat
Ne pas être dans son assiette
Avoir du pain sur la planche

3 Le salon et la salle à manger
Se prendre les pieds dans le tapis
Tenir salon
Faire tapisserie
Noircir le tableau

4 La chambre et la salle de bains
Être une armoire à glace
Passer un savon
Être né coiffé
Ne pas être à prendre avec des pincettes

5 La famille
Être un fils à papa
Laver son linge sale en famille
C'est de famille !
Élever un enfant dans du coton

6 Les tâches ménagères
Cacher la poussière sous le tapis
Mordre la poussière
Faire trembler les vitres
Sécher les cours

7 Le jardinage
Être fleur bleue
Faire une fleur à quelqu'un
Être dans la fleur de l'âge
Trembler comme une feuille

LA VILLE

8 La ville
Descendre dans la rue
En faire tout un cinéma
Mettre au coin
Comme un éléphant dans un magasin de porcelaine

9 L'école
Tourner la page
Dévorer un livre
Être à la page
Lire entre les lignes

10 Le bureau
Être assis entre deux chaises
Avoir carte blanche
Avoir un horaire élastique
Toucher un gros salaire

11 Le restaurant
Pour une bouchée de pain
Être soupe au lait
Mettre son grain de sel
Avoir les cheveux poivre et sel

12 L'hôtel
C'est pas un hôtel ici !
Partir avec armes et bagages
Prendre la clé des champs
Mettre sous clé

13 Les métiers et les professions
Avoir des mains en or
Être du métier
Travailler d'arrache-pied
Avoir un poil dans la main

LES LOISIRS

14 Le théâtre
Être aux premières loges
Occuper le devant de la scène
Le clou du spectacle
Avoir les doigts de pied en éventail

15 La musique
Être réglé comme du papier à musique
Aller plus vite que la musique
Accorder ses violons
Jouer des flûtes

16 Les loisirs
Brouiller les cartes
C'est un jeu d'enfant !
Cacher son jeu
Avoir un atout dans sa manche

17 À l'ordinateur
Monter en flèche
Être mis sur la touche
Être bombardé de messages
Copier-coller

18 À la télévision
Hors programme
Une émission culte
Porter une œuvre à l'écran
Crever l'écran

LES MAGASINS

19 Faire des achats
Ne pas être aux pièces
Rendre la monnaie de sa pièce
Écraser les prix
Être logé à la même enseigne

20 Le magasin de vêtements
C'est une autre paire de manches
Changer d'avis comme de chemise
C'est dans la poche !
Avoir les jambes en coton

21 Chez le primeur
Raconter des salades
Avoir la pêche
Avoir la banane
Appuyer sur le champignon

LE VOYAGE

22 Les moyens de transport
Aller bon train
Avoir un petit vélo dans la tête
Mener quelqu'un en bateau
Perdre les pédales

23 À la gare
Mettre sur la voie
Plier bagage
Mener grand train
Prendre le train en marche

24 À l'aéroport
Donner des ailes
Brouiller les pistes
Voler de ses propres ailes
Se serrer la ceinture

25 L'agence de voyages
Perdre la boussole
Parler dans le désert
Soulever les montagnes
Il n'y a pas le feu au lac !

LE CORPS

26 Le corps humain
Se creuser la tête
Tomber comme un cheveu dans la soupe
En avoir plein le dos
Avoir le bras long

27 À l'hôpital
Avoir une santé de fer
Ruer dans les brancards
Avoir un bleu
Tomber dans les pommes

28 Les sports
Avoir plus d'une corde à son arc
Être sport
Mettre les voiles
Le revers de la médaille

LA NATURE ET L'ENVIRONNEMENT

29 Les jours, les mois et les saisons
C'est le jour et la nuit
Avoir la tête dans les nuages
Faire la pluie et le beau temps
Bon vent !

30 Le bois
Avancer comme un escargot
Comme des mouches
Minute papillon !
Avoir une araignée au plafond

31 La ferme
Pleurer comme un veau
Avoir la chair de poule
Ménager la chèvre et le chou
Passer du coq à l'âne

32 Le monde animal
Avoir mangé du lion
Verser des larmes de crocodile
Courir comme un zèbre
Faire l'autruche

33 Les animaux marins
Se sentir comme un poisson dans l'eau
Rire comme une baleine
Avoir des oursins dans les poches
Ce n'est pas la mer à boire

34 La protection de l'environnement
Être dans les petits papiers de quelqu'un
Tourner autour du pot
Il y a un bouchon
Mettre quelqu'un en boîte

35 Les étoiles et les planètes
Être dans la lune
Tomber de la lune
Dormir à la belle étoile
Partir comme une fusée

Le Dictionnaire illustré ELI est disponible aussi en autres langues

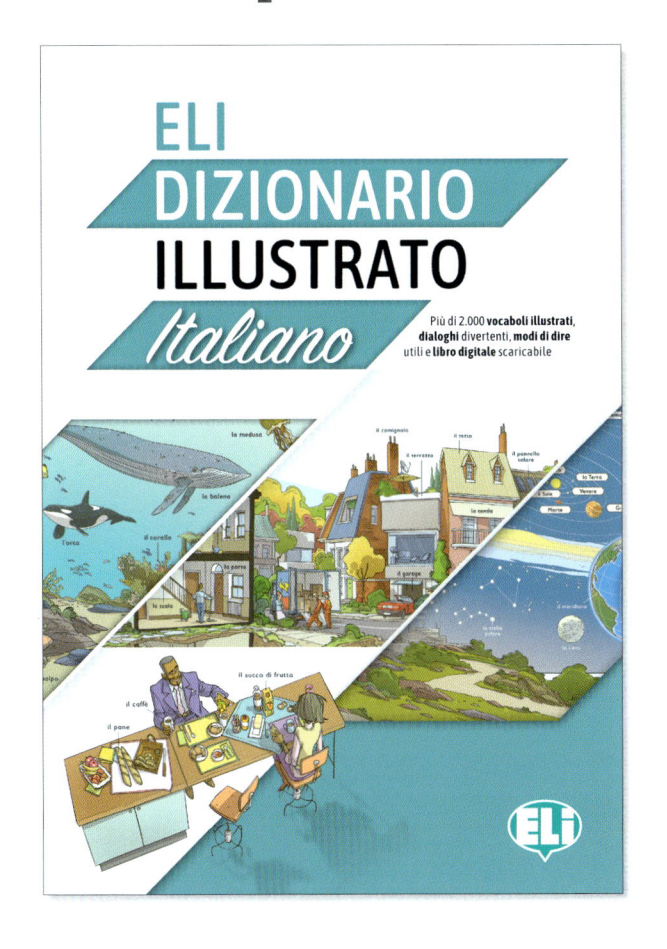

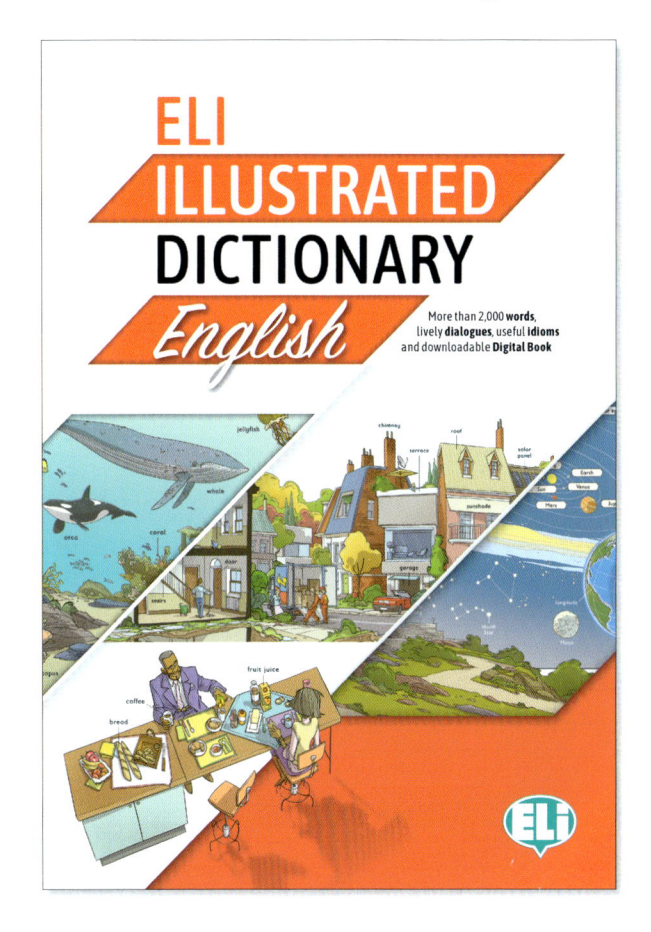

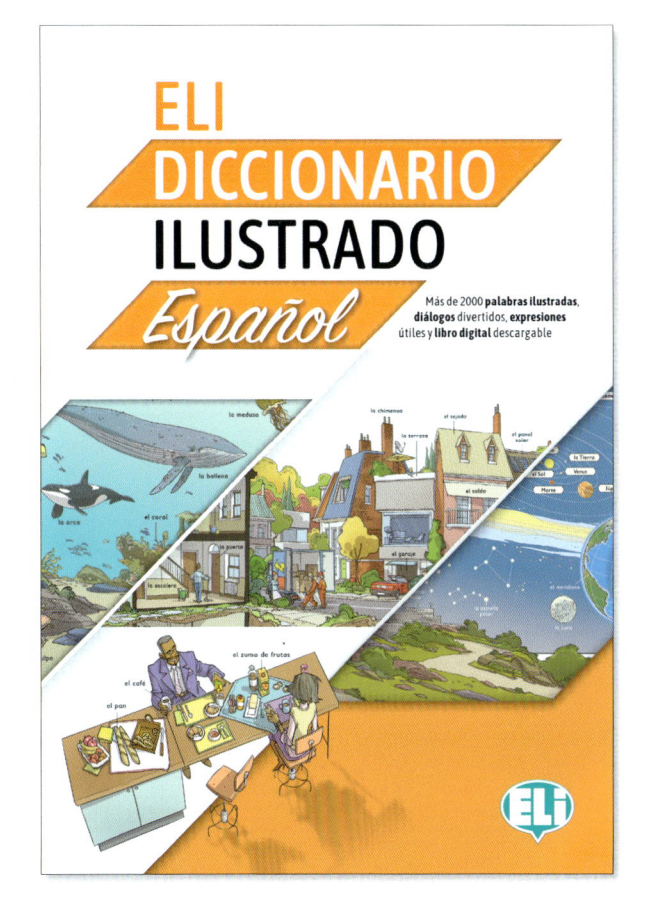

www.elionline.com

ELI Dictionnaire illustré
Par **Joy Olivier**

Version française Dominique Guillemant

Coordination éditoriale et Direction artistique Letizia Pigini
Rédaction Paola Accattoli, Gigliola Capodaglio
Dialogues Francesco Matteuzzi
Illustrations Matteo Piana
Mise en page Federico Borsella
Couverture Curvilinee
Responsable de production Francesco Capitano

© 2019 ELI s.r.l.
P.O. Box 6
62019 Recanati (MC) - Italie
Tel. +39 071 750701
info@elionline.com
www.elionline.com

Tous droits réservés. Toute reproduction partielle ou totale de cet ouvrage, ainsi que sa divulgation sous toute forme ou par quelque procédé que ce soit, photocopies comprises, est formellement interdite sans l'autorisation des Éditions ELI.

Imprimé en Italie par Tecnostampa – Pigini Group Printing Division
Loreto – Trevi 19.83.048.1

Réimpression Septembre 2019

ISBN 978-88-536-2705-6